ESPABILA DE UNA PUTA VEZ

JOSÉ MONTAÑEZ

Espabila de una puta vez

Dedicado a ti.
Es la puta verdad, te lo dedico a ti con todo mi corazón.
Pienso en esa persona que siente impotencia por no
alcanzar sus sueños de una puta vez.

¡Esta vez lo vas a lograr!

ÍNDICE

SEGUNDA PARTE

ESPABILA DE UNA PUTA VEZ

TERCERA PARTE

LA CLAVE DE LA FELICIDAD ETERNA

INTRODUCCIÓN

"¡Puta!" "¡Putaa!" "¡Putaaaa!" "¡Putaaaaaaaa!"
"¡Putaaaaaaaaaaaaaaaaaaa!"

¿Te imaginas un niño con tan solo tres años de edad lleno de rabia e insultando a la doctora que le había operado de los ojos? Aún me cuesta creer que hiciera algo así. Vamos, que puse como un trapo sucio a la doctora y a todo el personal.

Tenías que haberme visto la cara; arrugada, roja, resoplando como si fuera un toro y tachándola de puta sin parar. No quería que me pusieran las gotas en los ojos, eso escocía demasiado, sobre todo, porque estaba recién operado.

Mis padres no sabían dónde meterse y no paraban de disculparse. La doctora dijo: "No hay que darle importancia, tan solo es un niño que se intenta defender con una simple palabra aprendida en un colegio".

Precisamente aquí es donde quiero llegar. Este libro puede contener muchas "palabrotas", y si digo puede es porque para otra persona la palabra puta, por ejemplo, puede ser una simple palabra para incrementar la intensidad de la frase.

No soy una persona que acostumbra a decir tacos. Más bien era todo lo contrario; si alguien decía una palabrota cerca de mí, me hervía la sangre, se creaba un sentimiento muy horrible dentro de mí y eso no era nada favorable para mi día.

Si en alguna remota ocasión se me escapaba alguna palabra como joder o mierda en presencia de algún amigo muy correcto o algún amigo muy cristiano; imagina la cara que ponía. "Esas palabras me ofenden José, ofenden a Dios, no hables así por favor".

Después de cuestionar toda mi verdad, después de soltar muchísimas mierdas que tenemos aferradas a nosotros, sí mierdas he dicho, después de ser más libre; puedo decir que el problema no radica en las palabrotas, sino en el sentimiento negativo que estas crean en ti, y eso querido amigo, es un problema tuyo.

Por esa razón, en este libro me tomo la libertad de expresarme sin rodeos, como quiera, de hablar con total naturalidad, de no preocuparme por no ofender a mentes pobres y así poder decir cualquier palabra que haga que las frases tengan mucha más vida, mucha más intensidad.

Por cierto 20 años después de la operación me encontré con la doctora, la cual reconocí al momento, en el aeropuerto de Barcelona. Me lancé a saludarla antes de montar al avión, le dije que era José Montañez, un niño que operó de los ojos a los tres años de edad y me dijo: "He operado muchos niños de los ojos en toda mi carrera, pero fíjate que de ti no me he olvidado". ¡Vaya! Parece que lo de llamarla puta como si estuviera loco tuvo algo positivo.

Hablando de positivo... ¿verdad que te encanta soñar? Me refiero soñar despierto claro. ¿A veces tu mirada se queda perdida imaginando lo que podrías llegar a ser?

Seguramente, muchas veces has sido tan buen soñador que tus pies se han movido sin querer, con hambre y sed de cambio querías avanzar, pero no tenías ni puta idea hacia dónde ir. Piensas en miles de cosas que podrías hacer para intentar huir de la mierda en la que estás, pero vuelves a fallar otra vez más. ¡Qué dolor! ¡Estoy cansado! ¿Por qué es tan difícil ser quien quiero ser?

Al final, piensas que no vales, te intentas decir sí, que sí puedes, pero en el fondo, en el inconsciente piensas que no. ¿Para qué intentarlo otra vez? Si vas a fallar, mejor te olvidas de soñar, te vuelves un gran conformista y si ves a alguien que quiere brillar, te causa dolor y sin darte cuenta lo intentas aplastar. Así te pasan los años, así te pasa o te pasará la puta vida.

Querido amigo, querido lector, las letras que leerás en este libro son poderosas, así lo creo, hasta tal punto que puedes cambiar tu forma de pensar radicalmente, eso cambiará tus pasos y tus resultados.

Este libro, solo es apto para personas que no tienen miedo a perderlo todo. Si estás aferrado a cosas que no quieres soltar por nada del mundo, este libro no es para ti, porque te va a doler y mucho. También déjame decirte que lo que duele, cura, que lo que duele te puede llevar a lo más alto.

Entiendo que para nadie es fácil arrancar toda una programación mental de mierda que nos han impuesto durante muchísimos años.

Si por ende, estás cansado de tropezar, de caerte de morros contra el suelo cuando lo estabas dando todo, si estás dispuesto a pagar el precio que haya que pagar para ser esa persona que siempre has imaginado, estás en el lugar y momento correcto, ojalá estas letras te duelan y te hagan volar y ser libre de una vez por todas.

En este libro aprenderás a soltar las cargas, a olvidar muchas cosas, que precisamente es lo que te satura y paraliza. Aprenderás a adquirir hábitos de personas que ya han logrado sus sueños, que ya han pasado el proceso y trabajaremos en detalles psicológicos y fisiológicos muy importantes que harán que experimentes un nuevo nivel de energía y, sobre todo, que lo mantengas para transformar tu vida.

Eso sí, en este libro no se aceptan excusas, ni personas falsas, que se hagan las víctimas, que se pongan a la defensiva... Si quieres cambiar, espabila, espabila de una puta vez.

Instrucciones:

- *No tengas prisa por leer el libro.*

De hecho, este libro más que de leer, se trata de hacer. Por eso, no tengas en mente acabar el libro lo antes posible. Ten en mente cumplir los retos de hoy de la mejor forma posible y luego podremos avanzar.

El libro se divide en 3 partes. La primera parte es la base, los cimientos. La segunda parte consta de retos que tendrás que ir cumpliendo día a día. Y la tercera parte, la última, consta de consejos para personas que ya están alcanzando sus sueños. Si tú quieres llegar rápido a la tercera parte, esfuérzate por entender bien la primera.

- *Tienes que resumir el libro.*

Es muy importante que lo hagas para que no estés leyendo y pensando en otra cosa, además, así podrás repasar rápidamente las palabras que más valor te han aportado.
¡Vamos! Ve a por un subrayador, un papel, un nuevo documento o nota del móvil. ¡Hazlo ahora!

- *Escucha una música que te inspire.*

Además de maravilloso es esencial para concentrarte. La música tiene que ser instrumental, sin voces y no la pongas muy fuerte, que se escuche de fondo. No tengas pereza, no te pongas excusas. Te doy un ejemplo para que lo busques ahora mismo: música piano para leer. ¡Hazlo ahora mismo!

- *Atento a la palabra de activación.*

La palabra de activación te servirá para no dormirte mientras lees el libro, para estar muy concentrado en todo lo que se dice, para superar tu comodidad, para hacerte reír y subir tu energía al momento. Consiste en una palabra escrita a lo largo del libro que, en cuanto la veas, tendrás que hacer una acción determinada. Más adelante se hablará de la importancia psicológica de este ejercicio y se desvelará dicha palabra de activación.

PRIMERA PARTE

JAMÁS VOLVERÁS A SER LA MISMA PERSONA

CAPÍTULO UNO

¡Ya basta de mentiras!

"Nunca se alcanza la verdad total, ni nunca se está totalmente alejado de ella".

—ARISTÓTELES—

En el transcurso del tiempo nos han dicho muchas cosas que nos han marcado de por vida, especialmente cuando éramos niños. Dentro de nosotros hay creencias, costumbres, manías, gustos, limitaciones... que hemos adquirido con el paso de los años.

Imagina ese niño que sale de su casa para jugar y sus padres lo único que saben decirle es que tenga cuidado. ¿Cuidado con qué? ¡Con todo!

La mayoría de padres crían a sus hijos mediante prohibiciones, los llenan de miedo y los limitan de la libertad, de la felicidad. Está claro que prohibir es más fácil que educar, también trae peores consecuencias.

Conforme crecemos nos damos cuenta que hay muchas cosas que no son como pensábamos, como veíamos en casa. Gracias a una nueva experiencia, un nuevo lugar, algún buen amigo, podemos descubrir cosas increíbles.

¿Cuál es el problema? Que la mayoría de personas viven en una puta burbuja llena de limitaciones y costumbres baratas, que hemos adquirido de generación en generación y sin darnos cuenta se han incrustado de tal manera que somos incapaces de ver otra alternativa. En vez de pensar y razonar un poco, lo único que sabemos hacer es resoplar y quejarnos.

¿Y si yo te dijera que para ser feliz y lograr el éxito hay algo más importante que soñar? ¿Y si toda tu verdad fuera mentira? ¿Y si todo lo que tú consideras normal y correcto no lo fuera?

Sin cimientos caerás

Imagina por un momento cómo vivían las personas hace miles de años. Cuesta imaginarlo, hay demasiadas diferencias. Imagina una persona que está por la selva y de repente empieza a llover a mares.

¿Cómo crees que se protegería de la lluvia? Yo me imagino una hoja muy grande, cubriéndole la cabeza y ya. Es necesario protegerse de la lluvia, ya que la lluvia puede enfriarte, te resfrías, baja tus defensas y puedes morir.

Bien, si te fijas esta persona ha hecho lo más fácil y rápido que podía hacer, ha arrancado una hoja, que vendría a ser como el tejado de una casa y la ha puesto sobre su cabeza.

¿Se ha protegido? Sí, pero el frío le invade todo el cuerpo y además se está mojando los pies. Queda muy bonito taparse la cabeza con una hoja verde y gigante, pero si sigue así, no sobrevivirá. Entonces, ¿no se puede empezar una casa por el tejado? Rotundamente, no. Si no hay nada más, ¿dónde quieres sostener el tejado? Necesitamos algo más.

Bien esta persona lo entendió, claro, a base de error. Ahora necesitaba cubrir todo mejor, fue en busca de unos palos, barro, ramas, madera y muchas hojas. Clavó los palos en el suelo y lo cubrió todo con barro y muchas ramas. Finalmente, cubrió la gran cabaña con todas las hojas, y además, con la madera, hizo una pequeña hoguera.

Esto ya era otra cosa, ahora el aspecto era mucho más acogedor. Pero claro, a ver cómo se defendería con la lluvia. Empezó a llover, la lluvia cada vez era más fuerte, pero sorprendentemente, todo iba bien. La lluvia golpeaba la cabaña con mucha fuerza, pero toda el agua se desviaba y escurría hacia los lados, las hojas bien puestas y sujetas hacían su trabajo. Esto era mucho mejor que antes, el fuego calentaba el lugar, esta cabaña ya parecía un hogar.

¿Esto quiere decir que, sin los muros, los ladrillos, las vigas y las columnas no se puede disfrutar de un buen tejado? Por supuesto que no querido amigo, para poder disfrutar cualquier cosa en la vida tiene que suceder algo, se tiene que producir una acción, hay que pagar un precio, si no haces nada, si no te mueves, es imposible disfrutar todo eso que sueñas.

La lluvia siguió apretando y se empezó a escuchar un silbido muy fuerte, era el viento. Empezó a soplar la cabaña con mucha fuerza, el viento acompañado de agua empezó a entrar por los bajos, apagó el fuego, llenó el lugar de mucha humedad, frío y de repente un soplo de viento enorme tumbó la cabaña y voló todo por los aires.

Pues sí, ahí ves otra vez a la pobre persona tapándose la cabeza con una hoja gigantesca, muriéndose de frío y preguntándose... ¿qué ha pasado? ¿Cómo podré luchar contra ese sonido que tiene tanta fuerza?

Lo entendió, pensó en algo, algo que pesaba mucho para poder soportar esos soplos tan fuertes. Fue a buscar piedras y rocas, hizo una gran base y sujetó todos los palos en las rocas, de manera que no pudieran escapar.
Esta persona construyó los cimientos.

Volvió a construir la cabaña, ahora había piedras enormes que lo sujetaban todo, además había mejores materiales y la cabaña se veía más robusta, mejor construida, ya tenía experiencia.

Querido amigo, esta pequeña historia es muy simple de entender. Todo el mundo quiere el tejado, el premio, los sueños, nuestros anhelos, caprichos, metas, todo cuanto nos imaginamos y deseamos. Todo el mundo quiere el tener.

Es impresionante, fíjate. La gente se afana con el tejado, todas las cosas que queremos porque pensamos que ahí y solo ahí, en el resultado, está la diversión y la felicidad.
Piensa una cosa; los seres humanos no somos muy complejos, si tenemos sueño; dormimos, si tenemos hambre; comemos y si tenemos ganas de sexo; nos

reproducimos. Entonces, es de esperar que, si creemos que en el resultado está la felicidad, vamos a querer solo el resultado, el tener, y no vamos a querer nada más.

El problema querido lector radica en nuestra programación mental. Si no hay felicidad en el hacer, en trabajar duro por tus sueños... ¿para qué voy a mover un dedo? Claro, entonces nunca consigo lo que quiero y esto se convierte en un ciclo de impotencia emocional que cada vez nos hace más débiles y nos mata la capacidad de soñar. Puede que pienses que ya has leído mucho y controlas el tema, pero esto es un proceso inconsciente, sin darte cuenta, tu cerebro maquina así.

¿Hay solución? Por supuesto, las personas que son conscientes de esta información y empiezan a trabajar en cambiar su programación mental que les ha sido dada de generación en generación, pueden cambiar de grado; cada vez, le darán más importancia al hacer, porque ahí, ahora, sí ven algo más de felicidad.

Para que te aclares, esta historia y esta reflexión tiene tres palabras clave; ser, hacer y tener, ordenadas de mayor a menor importancia.

Por último, nos queda hablar en profundidad del ser, lo más importante, lo que más sostiene, lo que más fuerza tiene. Hasta ahora hemos visto que la gente quiere tener las cosas sin hacer, hemos aprendido que, si no cambiamos nuestra programación y empezamos a encontrar la paz en el hacer, será imposible tener nada. Tranquilo, estos cambios de programación mental se hablarán más adelante.

Te hago una pregunta; ¿Crees que es posible hacer las cosas sin ser? Es obvio que no. Siempre somos, siempre estás ahí, siempre eres tú. El problema es dónde focalizas tu esfuerzo, tu mente, tu energía. Recuerda, la hoja al principio se sostenía con las manos de la persona, luego con los palos y finalmente con las enormes piedras, con el mejor resultado.

Entonces, es obvio entender que cuánta más energía le brindes al ser, mejores resultados tendrás en el hacer y por consecuencia tendrás todo lo que te habías propuesto y mucho más. La persona de la cabaña entendió que el truco para no caer era construir unos cimientos, unas grandes piedras que dieran soporte al resto.

Cuando nosotros leemos libros de desarrollo personal, vemos vídeos o asistimos a eventos de la misma temática; trabajamos el ser y descubrimos cosas increíbles que no habíamos aprendido en la escuela. Aprendemos sobre la felicidad, las emociones, el éxito, los negocios, la persistencia, la actitud... Muchas cosas que nos hacen crecer ya que hemos trabajado el ser, hemos puesto los cimientos, las grandes piedras y, por tanto, esto nos permite movernos y lograr cosas magníficas, es como si descubriéramos un nuevo mundo, como si hubiéramos estado engañados toda la vida.

Con todo esto, la persona de la cabaña imaginó un lugar más grande y bonito, una cabaña tres veces más grande y se puso manos a la obra. Trabajaba arduamente todos los días, solo descansaba para comer y dormir lo justo. Puso muchos más palos a lo ancho y hacia arriba, mucho más barro, más ramas y muchas más hojas. Cuando terminó pudo ver una cabaña increíble, ¡qué espectacular era ese lugar en comparación con aquella triste hoja bajo la lluvia!

Estaba muy contento, muy satisfecho, pero; ¿también puso más piedras y más rocas?

Volvió a soplar el viento y la gran cabaña se destruyó por completo, ya que el cuerpo era mucho más grande que el soporte. Se obsesionó tanto que se olvidó de la base, de las rocas, de los cimientos, de la esencia, del ser, de la pura felicidad. Pensó que con los cimientos que tenía ya podía construir un imperio, pero no fue así.

Querido lector, es obvio darse cuenta que cuanto más grande es tu sueño, más vas a tener que hacer y por supuesto, más vas a tener que ser. Este es el problema de muchísimas personas que leen o asisten a un evento, despiertan y ya se quieren comer el mundo con la boca de un pececillo. Nunca dejes de construir los cimientos si quieres estar lleno de pasión y ser alguien muy grande.

La misión con estas letras es que entiendas, que seas consciente, que sin cimientos caerás, las veces que hagan falta, hasta que te rindas. Más adelante entenderás con detalle cómo funcionan estos procesos en tu mente y como poder dar la máxima energía a tu ser para que puedas lograr ver las hojas, tu tejado, tu sueño, lo más rápido posible y nunca se destruyan.

Cuestiona tu verdad

Esta parte del capítulo puede ser muy dolorosa para algunos y vuelvo a hacer una advertencia.

*"Si no estás dispuesto a perderlo todo,
no estás preparado para ganar nada".*

—Facundo Cabral—

No pretendo que seas un avaricioso y que tengas que matar para conseguir todo el oro del mundo. Lo que quiero que entiendas es que, para poder tener todos tus sueños en la mano, vas a tener que hacer cosas diferentes al resto de la humanidad. Es obvio que si no sales de tu círculo social y empiezas a imitar las acciones de los que han logrado lo que tú sueñas, no lo vas a conseguir.

Tú eres como un ordenador, no podrás hacer otra tarea diferente a no ser que cambies tu programación, tus comandos, las órdenes mentales.

"Los problemas que enfrentamos no pueden resolverse con el mismo nivel de pensamiento que teníamos cuando los creamos".

—Albert Einstein—

La mayoría de personas luchan con todas sus fuerzas por lograr lo que anhelan sin haber cambiado lo suficiente. Esto es un gran error, es malgastar toda tu energía. Las personas que viven así, se frustran, se queman, descienden sus fuerzas y mueren sus sueños.

¿Qué pasaría si toda tu vida fuera una mentira? ¿Qué pasaría si lo que tú crees que es real no existiera? ¿Qué pasaría si hay algo mejor de lo que tienes, pero no eres capaz de verlo?

Había una vez un niño que se fue a comer con sus abuelos, era domingo y se fueron a un pueblo lejano. Era el aniversario de los abuelos y había que celebrarlo. Encontraron un restaurante muy bonito y allí decidieron comer.

Cuando llegó el postre el niño quería un helado de chocolate, pero lamentablemente le informaron de que no quedaba helado de chocolate. El niño dijo que no quería postre, si no había de su helado, no quería nada.
El abuelo le pidió al camarero que le trajera al niño el postre de la casa, ya que el abuelo había estado allí alguna vez y conocía distintos sabores, distintos caminos.

Cuando se lo pusieron en la mesa, el niño dijo que no, que no le gustaba. El abuelo preguntó:
"¿Cómo sabes que no te gusta si no lo has probado?"
"He dicho que no me gusta."

Querido lector, en la vida nos aferramos a muchas cosas por miedo, miedo a quedarnos solos, miedo a perder lo que tenemos, miedo a la incertidumbre de no saber quiénes somos, miedo a quedarnos desnudos y no saber hacia dónde ir.

Ese miedo hace que te vuelvas conformista, conservador, te vuelves ciego ante los caminos de la vida, te vuelves un cobarde y por consecuencia puedes quedarte toda la vida en un mismo lugar, haciendo las mismas cosas, no te atreves a experimentar, a probar nuevos caminos, a volar, a gritar, a ser un loco de la vida, a disfrutar lo más valioso que tienes, que eres tú.

A quien le choquen estas palabras, me dirá:
"Yo disfruto mi vida, pero no quiero ir por caminos que sé que no me convienen, que no los necesito."
Querido amigo, ¿cómo sabes que no te convienen?
¿No logras ver que nuestras mentes están programadas por nuestros padres? Y la de ellos por sus padres y así podríamos escribir el libro entero.

Es natural pensar que nuestras creencias, costumbres, acciones; son normales, son lo mejor y no hay necesidad de probar nada nuevo.

Te voy a decir algo y espero que te quede muy claro. Las personas exitosas, todas aquellas personas que no ponen límites a sus sueños y los logran, son la minoría del mundo.

¿Una persona exitosa debe tener muchísimo dinero? No tiene por qué. Siempre he dicho que el éxito puede ser comer un sándwich de queso o comprarte un superdeportivo. El problema radica cuando, sin darte cuenta, limitas tus sueños. Si tú, por ejemplo, ya has comido muchos sándwiches de queso, crea un sueño más grande, no te limites.

Pero, ¿por qué tengo que soñar y lograr siempre cosas?
Como descubrirás más adelante en los problemas o circunstancias a resolver en la vida es donde está la felicidad, la armonía de vivir.

Siempre he tenido claro que, si no sueñas y logras cosas nuevas, no estás creciendo, estás muriendo. Si no estás avanzando, estás retrocediendo y si estás sobreviviendo, no estás viviendo.

Bien, entonces, este tipo de personas, las personas exitosas, las personas que avanzan y viven, siempre cuestionan su verdad. Quiero que te quede muy claro, siempre cuestionan toda su verdad.

Cuestionan su forma de ser, de pensar, sus amistades, dónde viven, sus creencias, sus metas, sus gustos...
Lo cuestionan todo y precisamente eso los convierte en exitosos, porque cambian su forma de pensar; ya no están

atados a su círculo de comodidad, patrones y creencias de hace miles de años.

¿Crees que es una tarea fácil? En verdad sí, tan solo es tomar la decisión de cuestionar todo sin preferencias. De pensar en todas tus cosas, en todo lo que tienes, en todo lo que crees, en todo lo que eres y preguntarte... ¿esto será real o no? ¿Cabe la posibilidad que fuera todo mentira, que solo existiera en mi mente? ¿Puede ser que sea malo para los demás y yo lo esté haciendo? ¿Puede ser que no sea el camino más eficiente?

Todo, absolutamente todo, se puede cuestionar, toda tu vida y todo tu alrededor, todo lo que te relaciona. Piensa en algo ahora mismo, lo que tú quieras, lo primero que se te ocurra. ¿Es real o irreal? ¿Cómo lo sabes? ¿Qué pruebas tienes? ¿Es correcto o está mal? ¿Cabe otra posibilidad? ¿Hay otro camino?

¿Hacer este tipo de ejercicio de qué sirve? Sirve para poder ganarlo todo o perderlo todo. ¿Y eso es bueno? Es lo mejor, es ver la vida sin filtros, sin maquillaje. Esto sirve para que algo en lo que tú creas y sea una costumbre en tu vida, lo puedas corroborar, mejorar y hacer mejor, porque ya no tienes dudas. También, puede que ocurra todo lo contrario, que descubras que todo es una mentira, que no es real, que estás mal encaminado, o no eres eficiente. Entonces, tienes que cambiar radicalmente, tienes que buscar otro camino, otra vida.

Querido lector, menos mal que le hice caso a mi abuelo y decidí probar aquel postre de la casa. La verdad, estaba buenísimo, qué sabor, qué sensación, estaba mucho más bueno que el helado de chocolate.

Ese día no solo aprendí que ese postre estaba muy bueno, sino que entendí, descubrí, que comer helado de chocolate todos los domingos me iba a llevar a una vida limitada, encasillada, una vida aburrida y conformista.

Si no hubiera probado ese postre, pensaría que comer helado de chocolate sería lo mejor que hay en la vida. Por eso, creo que es conveniente cuestionar toda verdad para poder descubrir caminos que te puedan dar mucha más felicidad. A fin de cuentas es lo que todos queremos y si hay un camino que te puede hacer sentir mucha más alegría, entonces el camino en el que estás hoy es una mentira.

En mi vida he cuestionado muchas cosas, de las cuales algunas me causaron mucho dolor, no quería pensar en el tema, no quería cuestionar esa verdad, no quería quedarme desnudo ante una realidad que no sabía si podría afrontar.

Más adelante, tendrás que hacerlo tú también. Estoy seguro que te servirá, serás más valiente y te atreverás a hacer cosas que nunca has hecho.

Todo esto, hacer estos ejercicios, cuestionar todo, duele y mucho, es como si te rompieras en mil pedazos, como si te destruyeran y nacieras de nuevo, como si empezaras a vivir otra vez.

¿Te aterra pensar que todo lo que hay en ti se podría ir? Entonces, ¿cómo vivirías? ¿A dónde irías? Obviamente es un proceso doloroso, pero puede sanarte y llevarte a lugares increíbles, te puedes transformar en la persona que siempre has soñado.

Recuerda querido amigo, cuestionar toda tu verdad, todo lo que tú crees que es normal y correcto, debería ser algo natural en tu vida, sino jamás podrás crecer, siempre estarás limitado, atrapado y no sabrás lo que es vivir en plenitud.

Suelta todo

Ante este tema, me hice una pregunta. ¿Quién soy yo? ¿Quién eres tú? Sí, tú. ¿Quién eres? Intenta responderte. Mira al cielo o cierra los ojos y piensa durante unos segundos. ¿Quién soy yo?

Un día decidí salir a la calle con el equipo de grabación, parar a cien personas y preguntarles... ¿quién eres tú?

Por cierto, para recibir cien respuestas, ¿te imaginas la cantidad de personas a las que tuve que intentar parar? Muchas salían corriendo cuando veían la cámara. Espero que te sirva de ejemplo.

"El éxito es ir de fracaso en fracaso
sin perder el entusiasmo".

—Winston Churchill—

Recibí respuestas de todo tipo, pero las respuestas que más escuché fueron:
"Yo soy Lucas", "Yo soy Laura", "Yo soy Juan".

La mayoría me decían su nombre. Pero, ¿eso quiere decir que si no tuvieras nombre desaparecerías? ¿Me estás diciendo que tú eres tu nombre?
Por supuesto que no. Mi padre quiso que me llamara igual que él, José. Pero yo no soy mi nombre. Me da igual que me hubieran llamado Pepito o haber nacido en una cárcel y solo tener un número. Seguiría siendo yo.

Quiero que te fijes bien, fíjate en las personas, observa cómo están aferradas a una infinidad de cosas; la ropa, el color del pelo, la altura, tu mejor amigo, tu físico, tus hijos, tu familia, tu perro, tu coche, tu dinero, a un local, un grupo de personas, tu pueblo o país, tus estudios, tus redes sociales, tu negocio, tus metas, tus sueños... Bien, sin todo esto que acabo de nombrar, ¿serías tan amable de decirme quién eres tú? Un poco difícil, ¿verdad?

Las personas nos aferramos a una infinidad de cosas externas a nosotros, o que derivan de algo externo; como el amor a un perro, por ejemplo. Todo esto son etiquetas que poseemos, que nos definen y que le dan sentido a nuestra vida.

¿Y cuál es el problema? ¿Acaso eso es malo? Fíjate bien, todas estas cosas externas a ti, están pegadas a tu vida y son tantas y tantas, que podríamos escribir hojas y hojas. De esta manera tú eres una mentira, tu vida tiene una pantalla, una barrera, un maquillaje. Esto, no nos permite ver el interior, la esencia, el ser, tú y nada más que tú.

De esta manera querido amigo, es muy difícil ver todo lo bonito que hay en ti, todo tu potencial; también es difícil ver toda tu mierda, toda tu basura. Esto es una manera de protegerte, así nadie descubrirá tus problemas o secretos más oscuros; así nadie verá tus carencias y te tomarán el pelo.

Intuyo que si estás leyendo este libro es porque quieres mejorar tu vida, aprender lo mejor de cada uno y hacer tus sueños realidad. Pues escúchame bien querido lector, tarde o temprano vas a tener que trabajar tu ser. Vas a tener que limpiar, ordenar, y hacer crecer tu interior en gran manera.

¿Sabes lo que pasa? Que esta tarea se hace imposible cuando hay tantas cosas pegadas a ti, es muy difícil acceder a tu interior, a tu ser. Por tanto, o te despegas de todo o lo tienes muy difícil para triunfar en lo que tú piensas.

No malinterpretes, esto no quiere decir, por ejemplo, que ya no puedes amar a alguien. Lo que quiero que entiendas, es que no debes necesitar a nadie para ser tú, para tener éxito. Puedes preferir tener a esa persona y amarla, pero si no estuviera, si desapareciera, ¿tendrías la necesidad de recuperarla para ser tú, para continuar?

Tienes que aprender a amarte a ti mismo desde dentro sin mirar las cosas externas a tu vida. Tienes que ser tu mejor amigo y hablarte a ti mismo tal y como te gustaría que te hablaran; pensamientos sanos. Cuantas más etiquetas sueltes, más amor habrá dentro de ti. Es súper importante que te ames a ti mismo sin la necesidad de nada. De lo contrario, en lo más hondo de tu ser, no habrá amor puro; sino un amor de conveniencia. Si tú mismo no puedes amarte, ¿cómo quieres amar a otra persona?

Una persona puede tener una energía increíble de éxito, pero el problema es cuando uno no es consciente y vive aferrado a todo. ¿Por qué es un problema?
Imagínate una persona que tiene una infinidad de cosas pegadas a su vida. Sin darse cuenta, necesita todo eso para subirse la autoestima, creer que puede hacerlo, sentirse seguro, amado... Esta persona no puede correr y si lo intenta, hay demasiado lastre, demasiado peso, no puede mover las extremidades con total ligereza y, por tanto, se cansa, se agota muy rápido y quiere tirar la toalla. Esta persona puede pasar por este proceso muchas veces hasta que tenga miedo a sentir dolor de caerse otra vez más y pierda la ilusión de todo.

Esto es mucho más profundo de lo que imaginas querido lector, estas personas no son libres, son esclavos de un sistema corrompido por el puto ego, por el puto consumismo, por el puto capitalismo...

Tienes que pensar que así vive la mayoría de la población humana y aunque esto no lo puedas cambiar de la noche a la mañana, siendo consciente de ello y empezando a trabajar hoy, es más que un logro.

Esto es el desapego, pensar en lo que más te gusta, lo que más disfrutas, a lo que más tiempo dedicas, lo más importante para ti, lo que más amas y hacerte preguntas. ¿Qué pasaría si muriera mi hijo? ¿Qué pasaría si borrara definitivamente mis redes sociales? ¿Qué pasaría si no tuviera mi título, mi iglesia, mis amigos, mi trabajo, mi negocio? Este tipo de preguntas te pueden preparar para lo peor, no solo te dan fuerzas para el día de mañana, sino que te liberan para el día de hoy.

Recuerda: para tener, antes tendrás que hacer; para hacer, antes tendrás que ser; y para ser, tendrás que soltar todo, liberarte de todo, no tener necesidad de nada, romper todo lo que está aferrado a ti, todas las etiquetas que te definen... De esta manera, es como si adelgazaras 20 kilos, eres libre, puedes volar, no te cansas, no necesitas nada, no te cierras a nuevos caminos, eres tú, entiendes la plenitud, eres feliz y sin darte cuenta tu sueño se ha hecho realidad.

CAPÍTULO DOS

Más allá de la energía

"El secreto del cambio es enfocar toda tu energía, no en la lucha contra lo viejo, sino en la construcción de lo nuevo".

—SÓCRATES—

El ser humano es increíble, todos nosotros somos increíbles y tenemos una potencia que no somos capaces de imaginar. Fíjate en la evolución del ser humano, qué cuerpo tan increíble poseemos, cómo han evolucionado los animales...

Las personas que saben vender, y no me refiero solo a un producto, saben contagiar a los demás; con su sonrisa, su mirada, sus palabras, su expresividad, pero, sobre todo, con su actitud, con su energía.

A pesar de ello... ¿cuántas veces has sentido que te falta la energía? Esos momentos donde sabes que tienes que hacer cosas, pero no tienes ganas de nada, tienes sueño, acabas de comer y luchas con tu mente para intentar ser productivo, pero al final te vas a tu puta cama o tu puto sofá. Luego, todo se descuadra y mañana será otro día, bueno, otro día de mierda.

¿Qué me dirías si te digo que dentro de ti hay una energía increíble, una energía tan poderosa que te permitiría llegar a donde quisieras? Sería fantástico la verdad. Imagínatelo por un momento. Imagina que tienes un sueño y tienes una energía tan poderosa que en ese mismo momento te pones a trabajar en ello y no paras hasta que estás muerto de sueño. Mañana más de lo mismo, tienes un dominio propio inmenso y eso te permite tener mucha perseverancia, la suficiente hasta alcanzar tu sueño.

Parece un cuento de hadas, pero no es así, esto es real. Dentro de ti hay muchísima energía, la suficiente para hacer todos tus sueños realidad. ¿No te lo crees? Te lo voy a demostrar.

El ser humano es un animal muy desarrollado, con mucha evolución; es un animal racional y emocional. Hay dos instintos dentro de nosotros que por puro impulso nos despierta una energía abismal, te pongo un ejemplo:

Seguro que te ha pasado. Recuerda esos días que estabas triste y no tenías ganas de hacer nada, estabas en el sofá con tu móvil perdiendo el tiempo y culpándote por tu fracaso. Estabas sin fuerzas, sin motivación, sin fe ni ilusión y por eso no te podías levantar e ir hacia tus sueños. De repente tienes un hambre descomunal y piensas en algo que te gustaría comerte ahora y casualmente tienes los ingredientes en casa. En ese mismo momento eres capaz de levantarte y aunque no sean alimentos muy sanos, comes y te sacias. ¿Por qué? Porque es una necesidad básica. Por muy mal que estés, ¿tendrás que comer no?

Volvemos a la situación de antes, estás triste en ese sofá, sin rumbo, apagado y sin fuerzas. De repente te habla esa persona que te encanta y te dice: "Oye que estaba muy liado, esta noche sí me va bien ir al cine". En ese mismo momento te levantas, vas al baño, y aun sabiendo que hace días que te tenías que asear, hoy sí lo haces, te afeitas, te pones guapo, te vistes como mejor te sientes, te perfumas, sonríes y llegas temprano a la cita.

Increíble, ¿verdad? ¿Te das cuenta de lo que ha pasado? A pesar de no tener nada de fuerza, has sido capaz de levantarte y trabajar duro. Por tanto, energía te sobra. La pregunta es: ¿dónde está tu ilusión?

Como ser humano que eres, el instinto de la alimentación y la reproducción es innato, lo llevas en la sangre y por eso a pesar de no tener ganas, para comer o verte con esa persona que te atrae muchísimo, eres capaz de hacer lo que sea. Con esto, quiero que te des cuenta de que como ser humano que eres, tienes muchísima energía dentro de ti, si no, no te podrías haber levantado. ¿Te imaginas focalizar todo ese chorro de energía, todo ese potencial, en tus objetivos y en tus sueños? Sería algo realmente mágico, podrías cumplir todos tus sueños, porque siempre estarías moviéndote con ilusión hacia ellos y sería cuestión de tiempo que los pudieras lograr.

En este capítulo vamos a trabajar precisamente esto. Vamos a llevar todo ese chorro de energía hacia tus sueños, todo ese potencial que tienes escondido, lo vamos a sacar a la luz y vamos a centrarlo en aquello que siempre has soñado.

De nosotros depende controlar nuestra mente, nuestra energía, poder dejar de hacer muchas cosas que restan energía y adquirir nuevos hábitos que aún me proporcionarán mucha más energía para así ser un cuerpo que irradie positividad, entusiasmo, felicidad, ilusión, acción, seguridad, confianza... Y créeme que alguien así, puede lograr todo lo que se proponga.

Todo es mental. Por esta razón cuanto más controles tu mente, más rápido lograrás tus sueños. Claro, pero aprender a controlar la mente con mi propia mente es algo que parece imposible. Y en verdad sí, cuando uno entra en un bucle de tristeza, el poder controlar la mente se hace una tarea muy complicada. En esta situación, ¿cómo podemos salir de este bache mental? Muy sencillo, con algo externo a nuestra mente. Aun así, ten en cuenta que todo es mental y aunque la ayuda sea externa, la acción siempre será tuya.

Lo que nos puede ayudar a salir de ese bache son los consejos de alguien que analiza, que no está en ese bache, que estudia cómo está funcionando el cerebro y luego mediante un libro, vídeos, etc. te expone lo aprendido.

Al final, se trata de cambiar tus pensamientos y eso lo cambia todo. Hay técnicas mentales increíbles que hacen despertar en ti una energía muy grande. Se trata de cambiar tus estados mentales. Se trata de pasar de un estado de culpa, de desespero, de desilusión, de rabia... a un estado de esperanza, ilusión, gratitud, fe, fuerza, felicidad...

Estas técnicas mentales tan poderosas, que cambian tus estados de pensamiento cerebral, tu energía y por tanto tus resultados; se pueden producir en cuestión de segundos. Pero, tenemos un problema.

Hay momentos en la vida, que por varias circunstancias podemos estar verdaderamente jodidos; ya sea la pérdida de un ser querido, una enfermedad, un accidente o cosas que no son tan graves, pero le damos mucha importancia y formamos, otra vez, esa bola de nieve llena de desgracias que cuesta mucho romper.

En esta situación de tristeza profunda, es muy difícil que una persona pueda cambiar. Su mente está centrada en el dolor, en el pasado o en el futuro y no es capaz de pensar de manera racional, sino emocional.

Dependiendo lo jodido que estés, necesitarás unas técnicas u otras. La misión en este capítulo es poder realizar cambios de estado mental de manera rápida. Pero si tu situación es crítica, tu mente está tan encerrada que no te permite ser racional y hacer dichos cambios. Entonces tenemos que recurrir a la fisiología del cuerpo.

La fisiología, son técnicas enfocadas directamente en tu propio cuerpo. Esto, te permitirá obtener mucha energía al momento, que la usaremos para trabajar en nuestros sueños y, por supuesto, que nos permitirá poder realizar los cambios de estado mental para controlar nuestra mente. De esta manera, tu nivel de energía no solo será optimo, sino que tendrás mucho entusiasmo, persistencia y una actitud necesaria para lograr tu éxito. ¿Preparado?

La fisiología

Nuestro cuerpo es el reflejo del alma. Seguro que lo has escuchado alguna vez. Sin juzgar ni criticar y olvidando tu condición física, dime: ¿Quién crees que tiene más capacidad de persistencia; una persona con abdominales o una persona obesa? Es verdad que hay enfermedades, situaciones muy difíciles, pero generalmente, la mayor probabilidad de una persona con más persistencia se la lleva el que tiene abdominales. Sí, así es.

Es una decisión y una lucha el evitar todas las mañanas ese croissant recién hecho con tu cacao calentito, es difícil no picar entre horas, comer más verduras y pescado en restaurantes, evitar tantas grasas, azúcares y, por supuesto, ir a diario a hacer deporte. Y no me digas que no tienes tiempo, porque el puto móvil lo tienes que cargar varias veces al día. No vamos a entrar en este tema ahora, pero sí más adelante, porque sabes que es muy importante.

Lo que tú tienes, tus amigos, tus cosas materiales, lo que tú haces día a día... es un reflejo de tu mente, de cómo estás pensando.

Muy bien, recuerda que nuestra misión es controlar nuestra mente, así controlaremos nuestra vida, nuestros sueños, nuestro éxito y esto, obviamente, se verá reflejado en el exterior.

Mira, una persona que está en un estado mental donde todo lo ve como un aprendizaje y una oportunidad, no solo es una persona que crece y se ve por sus resultados, sino que ese estilo de vida, también se nota en su forma de mirar, de caminar, de hablar, en su cuerpo y cuello bien estirado, en su alegría, en las pocas arrugas de su cara, etc. ¡Se nota! Al igual que también se nota cuando alguien está en un estado mental donde todo es oscuridad, no ve la salida y la vida así es una auténtica mierda, y eso sí que es triste, porque estás desperdiciando tus días joder. ¡No eres eterno! Un día vas a morir, aunque lo pienses, no eres consciente de ello. ¡Tienes que espabilar! ¡La vida se te esfuma!

Repito esto para que te quede bien claro. ¿Cuál es el puto problema? Pues que si uno está hecho mierda y está en ese estado mental horrible donde no es capaz de enderezarse y poner su cuerpo bien erguido con esa postura que delata a los triunfadores, a los que se encuentran entusiasmados y llenos de energía, entonces, el cambio es muy complicado.

Y por mucho que yo te diga, y te explique cómo cambiar tu forma de pensar y entrar en ese estado mental positivo; no lo logras. Tu mente, por mucho que te diga, vuelve a los problemas, a las desgracias, te cuesta dejar de pensar en esa tristeza y tu bola de nieve de negatividades sigue rodando en tu cabeza, sigue creciendo y cada vez cuesta más quitar toda esa nieve.

Muy bien, parece que estamos en un callejón sin salida, pero no es así. Aquí entra en juego la fisiología. Esta consiste en hacer una trampa a tu cerebro. Un ejemplo; consiste en enderezar tu espalda, estirar tu cuello, levantar la mirada, hacer una respiración profunda y una ligera sonrisa. Hazlo e intenta llorar aguantando esa postura, verás que es muy difícil, porque no estás sincronizando tu cuerpo y tu mente.

Mediante tu cuerpo, tu exterior, vamos a hacer creer a tu mente, a tu interior, que todo está bien y de esta manera se te hará mucho más fácil cambiar tus pensamientos cerebrales internos y así podrás cambiar tus estados mentales en cuestión de segundos. Sí, lo he dicho en plural, porque si quieres entrar en un estado negativo, también se puede. Por eso, los actores para llorar agachan los hombros, la mirada, ponen su cara triste y ahí ya les vienen recuerdos tristes y logran llorar. Nuestra misión es hacer todo lo contrario, lograr reírnos, ser felices y lograr nuestros sueños.

¿Te acuerdas de que en la introducción hablamos de una palabra de activación? La palabra de activación te servirá para no dormirte mientras lees el libro, para estar muy atento en todo lo que se dice, para superar tu comodidad, para hacerte reír y subir tu energía al momento. Consiste en una palabra escrita repetidamente que irá apareciendo a lo largo del libro. En cuanto veas esta palabra tendrás que hacer unas acciones determinadas.

¡Pues ha llegado el momento! Dicha palabra es: ESPABILA, ESPABILAS o ESPABILAR.
A partir de ahora, cada vez que leas la palabra de activación tendrás que: RECORDAR, SONREÍR, RESPIRAR Y SALTAR.

Te lo explico con detalle. A partir de ahora, cada vez que leas la palabra espabila en este libro tienes que ponerte de pie, cerrar tus ojos, recordar un momento donde te sentiste bien, feliz, lleno de motivación, lleno de alegría o paz... y recordarlo de tal manera como si estuvieses allí, piensa que tus pies están en ese mismo lugar y estás sintiendo esas emociones. Hecho lo anterior, tienes que levantar la cabeza, hacer una sonrisa muy grande y saltar. Pero saltos grandes, nada de mover los pies y que sigan en el suelo.

¿Y qué pasa si estoy en un aeropuerto? ¿Por qué hacer todo esto? Este ejercicio trae muchos beneficios.

Lo primero que estamos intentando lograr, es fijar un patrón en relación a la fisiología de tu cuerpo. Dicho de otra manera, estamos recordando algo muy bonito que nos hace entrar en un buen estado mental y lo estamos asociando con unos ejercicios corporales. Cuando lo hayas hecho muchas veces, ¿qué crees que le pasará a tu mente si haces estos ejercicios corporales sin recordar nada? Este es el tipo de patrón que buscamos, así mediante tu cuerpo, lograremos que tu mente entre en un estado de eficiencia sin tener que esforzarte mentalmente.

Aparte, estás levantando la cabeza, lo cual es muy beneficioso para cortar el llanto o un estado de tristeza. Si no, intenta llorar mirando al cielo, se hace muy complicado.

Tienes que respirar hondo. Tratar de inspirar todo el aire posible. Más adelante hablaremos de este tema en profundidad, pero la mayoría de personas no saben respirar. No dedican unos minutos a controlar su respiración y respirar de forma adecuada. Esto no solo te ayuda a relajarte, si no a saber controlar tus impulsos y controlar una situación de tensión, entre otras muchas cosas.

También estarás sonriendo. Cuando lo hagas, tienes que sonreír muchísimo. La sonrisa es un lenguaje universal, es la manera más rápida para conectar dos cerebros, para que dos personas se puedan sentir a gusto, puedan sentir que hay una confianza entre ellos. Aparte la sonrisa, te está ayudando a entrar en un estado mental de esperanza e ilusión.

Y, por último, el hecho de saltar está rompiendo tu comodidad, te está quitando la somnolencia. Posiblemente, te ayudará a quitar tu timidez si es que estás en un lugar público, por poco que sea estás haciendo ejercicio, acelerando tu pulsación y, como bien sabrás, generando sustancias en tu cerebro que te ayudan a ser más feliz al momento.

En definitiva, esta palabra de activación y sus ejercicios solo trae cosas buenas a tu vida. Las primeras veces, cuando aparezca la palabra espabila, espabilas o espabilar, te recordaré lo que tienes que hacer, pero luego deberás estar muy atento para no dejarte ninguna palabra sin hacer la activación. Es súper importante que en el mismo momento que veas la palabra, hagas la activación. No vale eso de; ya luego cuando no haya gente lo haré. No, tienes que hacerlo en el mismo momento, te vas a un rincón si te da vergüenza y lo haces.

Supongamos que estás en un avión. Es obvio que no te apetecerá quitarte el cinturón, en caso de que se pueda, y saltar cuando te van a ver los demás. En ese caso, tienes dos opciones, o superas tus miedos, lo haces, disfrutas de la activación y te das cuenta de que no era para tanto y que la gente no se está fijando en ti, eres tú el que piensa en todos o cierras el libro y luego cuando te atrevas, continúas leyendo. Lo que no puede ser es que te salgas con la tuya, que, si sabes que hay que hacer algo, engañes a tu cerebro, le pongas excusas, no lo hagas y sigas teniendo días de mierda. ¡Es hora de espabilar!

¡Vaya! Acabas de leer la palabra de activación. Vamos a hacerlo. Levántate ahora mismo, estés donde estés, cierra tus ojos, recuerda algo precioso, piensa que estás ahí, levanta la cabeza, respira hondo, sonríe muchísimo y salta lo más alto que puedas unas 5 veces.

Este procedimiento de arriba lo podrías subrayar, así luego si se te olvida el proceso, lo encontrarás más fácilmente.

Bien, hazlo ahora. ¿Cómo te sientes? Dependerá de donde lo hayas hecho, lo bien que hayas recordado o con la fuerza que hayas saltado, pero lo importante es que lo hagas. Cuando lo hagas unas cuantas veces, verás que es muy sencillo de hacer. Más adelante, lo iremos entendiendo todo mucho mejor.

"Si quieres ser fuerte, hazte el fuerte".

—Antiguo Proverbio—

Es así de sencillo, por eso, si quieres ser feliz; haz como si estuvieras feliz. Adquiere una fisiología corporal de felicidad. ¿Cómo? Pues imitando la fisiología de otra persona. Puedes buscar en internet, por ejemplo: reacciones Premios Óscar. Así verás la fisiología de personas que reciben un premio muy importante.

Vamos a hacer este ejercicio ahora mismo. Es súper importante que lo hagas, porque si de verdad quieres cambiar, no solo basta con leer, tienes que actuar. Si no, ¿para qué estás leyendo este libro?

Busca en internet alguien que recibe una muy buena noticia, que celebra algo súper importante y fíjate en su postura, como coloca las piernas, brazos, manos, la postura de la cabeza, el movimiento de los ojos, el cuello, como mueve la boca, la expresión de la cara, lo estirada que está la piel, el ritmo de respiración. Intenta imitar con exactitud toda su fisiología. Cuanto mejor lo hagas, mejor suministrarás a tu cerebro la misma señal del suyo.

En este preciso momento, intenta pensar en la tristeza, la desilusión o la depresión. ¿Es difícil verdad? En ese momento tu cerebro, gracias a tu fisiología provocada, está preparado para sentir alegría, esperanza, ilusión, felicidad...

Por eso es imprescindible que entiendas que cuando tienes un día de mierda, si no sabes salir de ahí y cambiar tu estado mental para ser feliz, quizás lo mejor es que imites la buena fisiología de alguien o simplemente que vayas a dar un paseo por algún sitio bonito. Esto último, te ayudará a despejarte, ver cosas bonitas, moverte, respirar aire más puro y así cambiar tus pensamientos se te hará más fácil.

En definitiva, si tu cerebro está atascado en un pozo sin fondo, vete de ese lugar y mueve tu cuerpo. Lo tendrás que hacer tarde o temprano, tú decides cuándo.

El intelecto

Como se suele decir, el truco del almendruco radica en la manera en que nos comunicamos con nosotros mismos y las acciones que emprendemos después.
Dominar nuestra mente y que esta no nos juegue una mala pasada, no es fácil. Pero eso no es un problema, eso es la vida. Los únicos que no tienen problemas son los que están en el cementerio. La vida son problemas o, dicho de otra forma, circunstancias a resolver. Y la vida es magnífica así. ¿Qué sería de una vida sin problemas? Demasiado aburrido todo. No le daríamos valor a la victoria. Dicen que cuanto

más grandes sean tus problemas, mayor será el cheque que recibas. Tú te pones tus límites y tu nivel.

Pero aquí, queremos lograr simplemente tu felicidad.

"Si te atreves a ser feliz, corres el riesgo de ser muy exitoso".

—José Montañez—

Y como bien sabes, la felicidad es una puta decisión. Sí, un estilo de vida. Si aún sigues pensando que solo puedes ser feliz si mejoran las cosas externas, estás jodido. Se puede ser feliz teniendo un cáncer terminal, estando en una cámara de gas a punto de morir o en un superdeportivo. Sí, quizás piensas que a ver quién es el valiente que sonríe sabiendo que lo van a matar. Muy sencillo, es esa persona que suelta. Suelta todo, todo es todo. Toda su puta vida. Toda la vida. Si sueltas todo, no hay miedo a nada y lo único que te queda es experimentar y disfrutar este mismo instante. Pero tenemos tantas cosas pegadas a nuestra vida, cosas que ni sabemos, que ni pensamos, que están en nuestro inconsciente y no nos dejan disfrutar el instante y ser verdaderamente felices.

Bien, ¿qué es un estado mental? Seguramente has tenido una racha donde todo te iba genial y, ¡caramba! Todo es todo. Parecía que dabas un paso y todo estaba pensado y alineado para que te fuera bien. Tus sensaciones eran increíbles; feliz todo el rato, cantabas, te movías con energía, eras súper amable con todo el mundo, lleno de ilusión, sonreías mucho más de lo habitual, etc.

En ese momento estabas en un estado mental muy bueno, un estado mental que nos gustaría tener siempre. ¿Por qué? Sencillamente, porque así la vida se ve con un color más bonito. Estás siempre mucho más alegre, los problemas no te afectan tanto y sabes resolverlos con alegría, también sabes saltar sobre todo lo que te resta, lo que no te conviene y, por supuesto, eres mucho más productivo, avanzas mucho más rápido hacia tus sueños. Sinceramente, es como si vivieras en el mundo de "Yupi", como si estuvieras drogado.

¿Cómo has logrado entrar en un estado mental así? Los seres humanos pensamos que somos muy racionales, que analizamos, cuestionamos y sabemos elegir de forma adecuada, pero no. Los seres humanos somos muy emocionales. Nos afecta demasiado el entorno.

Por eso, puede que la persona que te guste, hoy quiera cenar contigo y tú al día siguiente eres alguien espléndido, un ser increíble, que todo el mundo quiere pasar tiempo a tu lado. Pero resulta que mañana te dice: "Mira, que estaba conociendo a otra persona y quiero conocerlo mejor, por ahora seamos amigos y ya veremos, ¿vale?".

Automáticamente sales del estado mental idóneo para trasladarte a un estado mental de confusión, depresión, miedo, angustia, tristeza, frustración y no hace falta decirte que así la vida es una auténtica mierda y encima llenas de mierda la vida de los demás, te vuelves alguien tóxico y como te vacías y te sientes tan mal, llenando de tu mierda a los otros, tú te sientes mejor ya que ellos se igualan a ti.

Quiero que pienses mucho más racional y escucha, eso no significa que no te sobre el amor en tu pecho. Eso significa que, si analizas bien tu vida, tus pensamientos, lo que acaba de pasar, tus acciones, cómo te estás comportando, será mucho más fácil para ti controlar tu mente y estar el máximo de tiempo posible, el máximo de días posibles, en un estado que solo te haga vivir en plenitud.

Mucha gente cree que la felicidad está en el dinero. Yo te pregunto, ¿de qué serviría tener todo el dinero del mundo si no pudieras sacar ni un solo billete y tampoco pudieras comprobar de cuánto dispones? Pues muy sencillo; de nada.

La gente lo que quiere es lo que supuestamente piensan que el dinero da: seguridad, amor, libertad... o bien quieren ahorrar y ver todos los días de cuanto disponen y con ello sentirse más respaldados y llenar su pobre autoestima. La depresión viene cuando te das cuenta que estás vacío por dentro y que el dinero, ni nada, te lo podrás llevar contigo cuando fallezcas.

La verdadera felicidad es crecer, cuestionar tu verdad, romper partes de ti, creencias que te limitaban y reconstruirte, hacer de ti una mejor versión y darte cuenta que antes no eras tan feliz. Darte cuenta que estás avanzando mentalmente, interiormente, es algo magnífico y por eso es imprescindible estar en estados mentales que te hagan volar.

En este capítulo hemos aprendido que salir del bache, de la puta depresión o una simple tristeza, es posible si cambias de estado mental y así todo empezará a rodar y parece que el universo se pone a tu favor. Y esta es tu misión; tratar de estar el mayor tiempo posible en estados que te hagan muy feliz, avanzando hacia tus sueños. No permitas que un estado que te está amargando el día, se quede mucho tiempo, te amargue la vida y amargues la vida a los demás. Para ayudarte, sabes que tienes la fisiología. De esta manera, moviendo tu cuerpo, estás ayudando a tu cerebro y se produce una buena conexión neurofisiológica que te permite tener mucha más energía y dominio de tus recursos. Esto es algo magnífico. ¡Espabila!

¡Vaya! Acabas de leer la palabra de activación. Tienes que hacerlo ahora mismo y sin excusas, da igual donde estés. Cuando lo hagas podrás continuar leyendo. Es muy, pero que muy importante que lo hagas, aunque no tengas ganas. ¡Ahora! Levántate, cierra tus ojos, recuerda algo precioso, piensa que estás ahí, levanta la cabeza, respira hondo, sonríe muchísimo y salta lo más alto que puedas unas 5 veces.

¡Tranquilo! Yo también lo acabo de hacer y sí, parece que estamos locos, pero sabemos disfrutar la vida.

CAPÍTULO TRES

Zampabollos

"No empieces una dieta que terminará algún día,
comienza un estilo de vida que dure para siempre".

—ANÓNIMO—

Más allá de la fisiología, tu postura corporal, tus pensamientos o estados mentales que estás teniendo ahora mismo, es importantísimo la comida y bebida que estás ingiriendo. También es muy pero que muy importante que te muevas, que hagas ejercicio físico. ¿Por qué?

El ejercicio físico, como puedes ver, es muy parecido al tema de la fisiología. Cuando haces ejercicio, liberas endorfinas que ayuda a tu cerebro a cambiar de estado y ser más feliz. Por eso moverte es muy importante. Tu cuerpo gana resistencia al cansancio, mayor fuerza, mejor aspecto, mejor capacidad respiratoria; todo son ventajas.

Aparte, como bien sabes somos lo que comemos. Dime lo que comes y te diré como estás de salud. Es una realidad. Al fin y al cabo, tu cuerpo es una máquina y lo que ingieres, es el combustible. Si a un coche no le pones gasolina y le pones un buen cocido de lentejas con verduras que tú te tenías que comer, ¿qué pasaría? Pues que el mecánico se cagaría en toda tu familia. Claro, el coche no funcionaría. Tampoco te sentaría bien a ti tomar gasolina.

Imaginemos que al coche no le pones la gasolina normal y le pones un combustible para otro tipo de vehículos, con un poder calorífico mucho más bajo. Seguramente no funcionará y si funciona, sonará muy mal y no llegarás muy lejos. Como no le estás metiendo el combustible adecuado, la energía que el vehículo desarrolla se ve limitada, lo mismo pasa contigo con lo que ingieres.

No solo hablamos de quitar la grasa y el azúcar en tus comidas, que es donde se te van los ojos. También se trata de cómo tu cuerpo hace la digestión, qué alimentos son muy perjudiciales, qué tipos de alimentos no deberías mezclar, los horarios, picar entre horas; una infinidad de cosas. Tienes que entender que esto es de suma importancia, porque afecta directamente en la energía que inmediatamente después vas a tener y si esta es mínima te irás a tu puto sofá o tu puta cama y no hacia tus sueños, tu mayor felicidad.

Un pequeño inciso. Antes de hablar un poco en profundidad de la nutrición y el deporte, quiero que entiendas que aprender a respirar bien es fundamental, es una base y por eso le vamos a dedicar un apartado.

¡Respira coño!

Cuántas veces os ha pasado que estáis en una disputa, una discusión, una exposición, una entrevista y os habéis puesto muy nerviosos. Te cuesta respirar, empiezas a sudar, a alterarte, subes el tono de voz para imponer más, ya no sabes lo que decir, te quedas sin argumentos, dices cosas que hacen daño o te quedas en blanco simplemente. Cuanto más creces mentalmente, menos nervios tendrás ante situaciones nuevas o, supuestamente, incómodas. Hasta que llegue el punto donde todo te resbale y tengas una gran seguridad interior, siempre habrá momentos incómodos que te pongas nervioso.

Bien, cuando estás en esa situación tu mente quiere huir de ahí, pero sabes que no puedes irte. Tienes que exponer algo o dar una respuesta, pero se te hace muy difícil porque tu mente no está plenamente centrada en lo que tienes que decir, sino en huir de la situación. Y por mucho que quieras concentrarte, no puedes, porque lo estás pasando mal y tu cerebro por instinto, solo quiere protegerte, alertar los peligros y huir de ahí.

¿La solución? ¡Respira coño! Da igual que te quedes 10 segundos concentrado en tu respiración si luego eres capaz de responder y dejarlos con la boca abierta.

Cuando llega tu turno para hablar, quieres responder rápido para demostrar que lo tienes claro o que hay seguridad en ti, pero si luego te pones muy nervioso, la vas a cagar. Lo mejor: ¡Detente! ¡Respira! Da igual que te vean respirar hondo y que no estés respondiendo, da igual. La respuesta que luego les darás, lo suplirá todo.

¿Por qué te hablo de este tema, la respiración, en profundidad? Porque es un tema que, a mí, me ha ayudado mucho a resolver conflictos. Han venido personas muy alteradas a querer discutir conmigo y gracias a centrar mi mente en la respiración, no solo les he hablado de una manera coherente y efectiva, sino que no los he alterado más, les he hablado con suma tranquilidad y eso ha relajado la situación. Como bien sabes: dos no se pelean si uno no quiere.

Aparte, saber respirar bien, es salud para tu vida. ¿De qué te sirve nutrirte y hacer deporte si luego respiras como el puto culo? Lo siento por hablar así, pero es verdad. Si no centras tu mente en respirar bien, pareces en muchas ocasiones como un animal desbocado que no es racional, y eso a tu cerebro no le gusta. Si no sabes respirar bien, es mayor tensión para tu cuerpo, más arrugas y menos esperanza de vida.

Respirar bien ayuda a tu cuerpo a tener una buena circulación sanguínea, así se transporta mucho mejor el oxígeno y los nutrientes a todas las células de tu cuerpo. También ayuda a que nuestro sistema linfático e inmunitario sean más eficaces. El respirar profundamente, entre muchas otras cosas, ayuda a depurar nuestro cuerpo.

Es curioso que los deportistas se enferman mucho menos de cáncer que personas que no mueven un puto dedo. Y no me pongas la excusa de la edad, porque se ve mucha gente mayor haciendo deporte.

Los atletas aportan mucho más oxígeno a su sistema circulatorio y estimulan mucho más el sistema inmunológico. Esto te lo digo, para que te des cuenta que todo va de la mano y es muy importante que te muevas, que hagas deporte, respires bien...

Son muchas cosas, sí. Pero no te satures, porque este libro está pensado para hacerlo todo paso a paso. En la segunda parte de este libro lo entenderás. Tú, limítate a entender todo muy bien, estar atento siempre a cada palabra, aprender y así poder espabilar de una vez por todas.

Ahora vamos a aprender a hacer una respiración que no solo te ayudará a relajarte y controlar la situación, sino que, también, te ayudará a depurar tu cuerpo de toxinas.
Pero, antes de nada, ¿te has dado cuenta de que en el párrafo anterior ha aparecido la palabra de activación? Si no lo has hecho, hazlo ahora.

Insisto es de vital importancia que lo hagas. No hay nada peor cuando uno está mal que quedarse quieto, encerrarse en sí mismo o en su habitación. Tienes que salir, tienes que moverte y no te tienes que conformar a leer solo estas letras y ya. ¡No! Tienes que poner todo esto en práctica, sin agobiarte. Yo te iré diciendo lo que hay que hacer a cada momento, pero ahora mismo, haz el ejercicio de la palabra de activación.

No quiero que te pases toda la puta vida leyendo libros de desarrollo personal, que tengas una mente abierta, pero no hayas hecho nada que merezca la pena. ¡Coño! Creo que puedes dar mucho más de ti. Quiero que este libro te marque y saque todo tu potencial. ¿Tú también lo quieres? Muy bien. ¿Lo has hecho ya? ¡Perfecto! Si no lo has hecho; te invito a que dejes de leer, cierres este libro y se lo regales a otra persona. Te lo digo muy en serio. ¡No quiero lectores, quiero hacedores!

La técnica de respiración es la siguiente: toma aire por la nariz, durante 4 segundos, desde la parte baja, como si quisieras inflar tu estómago. Has de contener el aire durante 16 segundos y exhalar el aire por la boca durante 8 segundos.

Vamos a explicar por qué hacerlo así. Inspirar por la nariz es importante para filtrar el aire. Inspirar desde la parte baja, inflando tu estómago nos ayuda a extraer toxinas de la circulación. Al contener el aire durante 16 segundos; se oxigena mucho más la sangre y activas el sistema linfático. Al exhalar, necesitamos el doble de tiempo que al inhalar para poder eliminar las toxinas por medio del sistema linfático.

Lo ideal es que practiques este tipo de respiración 3 veces al día. Haz un mínimo de 10 repeticiones. Y no te olvides de centrar tu mente en una buena respiración profunda cuando estés en una situación difícil, incómoda, etc.
Te repito, en la segunda parte de este libro empezaremos a practicar esto y muchas cosas más. No obstante, puedes empezar ya.

Nutrición

La clave de una buena alimentación es comer alimentos ricos en agua. El 70 por ciento de la superficie de nuestro planeta está cubierta de agua. El 80 por ciento de nuestro cuerpo está constituido por agua. Creo que es de cajón pensar que alimentos que contengan mucha agua, alimentos como fruta fresca o verduras, será lo más apropiado para nuestro organismo.

Este apartado de la nutrición es súper importante que lo entiendas. Más adelante, en la segunda parte, lo iremos practicando todo.

Cambiar hábitos alimenticios no es fácil, pero como cualquier cosa. Si tu cuerpo, está acostumbrado a algo y lleva así muchos años; cambiar esas costumbres, se hace difícil. Pero si tienes un sueño ardiente, todo se hará más fácil. En el siguiente capítulo hablaremos mucho más de los sueños.

Hay personas que beben mucha agua porque piensan que así el cuerpo se depura mejor, y es verdad. Pero claro, si luego te metes un montón de alimentos indigestos, alimentos de una digestión muy complicada; estás llenando tu cuerpo con muchos productos de desecho que a la larga provoca muchas enfermedades.

Es curioso darse cuenta que los animales herbívoros viven más años que los carnívoros. Además, los herbívoros, generalmente, son más grandes y fuertes. Por ejemplo: el gorila, el elefante, el rinoceronte...

Hay una infinidad de platos y combinaciones con las ensaladas, verduras y frutas. ¿Por qué te digo esto? Porque si tú eres de los que dice: "Yo soy carnívoro, me encanta la carne y cada uno come lo que le gusta". ¡Ole! ¡Un aplauso para ti! Escucha querido carnívoro: todo son costumbres, todo premio requiere un esfuerzo, pagar un precio. Tienes que cuestionar tu verdad, saltar por encima de tus costumbres y hacerte de nuevo, al menos si quieres lograr tus sueños. Puede que el mango o el maíz no te gusten, vale. Pero que me digas que tú no comes nada de verdura o fruta....

Algo que podrías hacer es comer algún tipo de ensalada en todas las comidas, por supuesto, que lleve mucho verde. Tienes la lechuga, escarola, canónigos, espinaca, rúcula... ¿Las has probado todas de diferentes formas? ¡Seguro que no! Quiero que tú mismo veas la importancia. Seguimos leyendo.

Hay que prescindir de alimentos con grasas saturadas, alimentos industriales, alimentos con harinas de mala calidad, alimentos inflados de azúcar... Evitar también alimentos con conservantes, acidulantes, correctores, estabilizantes, espesores, aromas, colorantes, etc. Cuánto más natural, más lo agradecerá tu organismo, tu sistema digestivo y, por tanto, más energía tendrás.

No sólo se trata de comer muchos más alimentos ricos en agua y prescindir de muchísimas mierdas, también es sumamente importante cómo mezclamos los alimentos.

Está más que demostrado que diferentes tipos de alimentos necesitan diferentes jugos digestivos, diferentes ácidos, para digerir los alimentos en tu estómago. ¿Cuál es el problema? Que, si se combinan diferentes jugos digestivos por una mala combinación de alimentos, se pueden producir incompatibilidades y tu estómago no es eficiente digiriendo los alimentos, por lo que tardas muchas horas en digerir, restando muchísima energía para enviarla exclusivamente a tu sistema digestivo. Y ya sabes qué pasa si tenemos poca energía; tienes somnolencia, ganas de dormir, de hacer una buena siesta y acabas rindiéndote mucho más rápido.

Alimentos ricos en almidón (arroz, pan, patatas...) requieren un medio digestivo alcalino.

Alimentos proteicos (carne, leche y derivados, frutos secos, semillas...) requieren un medio digestivo ácido.
Bien: la química demuestra que dos medios contrarios, no pueden subsistir al mismo tiempo, ya que se neutralizan entre sí.

Tienes que hacer algo ahora mismo. Tienes que comprobar que esta información es correcta. Para ello, busca en internet: tabla combinación alimentos. Así, comprobarás si esta información es correcta y las distintas combinaciones de alimentos que beneficiarán o perjudicarán tu salud.

Los alimentos sin digerir se convierten en terreno de cultivo para las bacterias, nos producen muchos más gases y no solo nos roban energía, sino que hay muchas más probabilidades de tener enfermedades ya que hay más exceso de ácidos, lo cual espesa la sangre y dificulta la circulación.

Por eso, si se mezclan alimentos como la carne con la patata, la digestión resulta mucho más lenta de lo habitual o incluso detenida a momentos. Y tú quizás me dirás: "Pero José, lo habitual en mí es comer carne con patatas".
¡Ya! También tienes que entender que antes se comía lo que se había conseguido en el día. Antes, no se comía tantísima carne, se comía mucha más fruta y verdura. Además, los seres humanos en sus inicios no eran carnívoros. No es como hoy que tenemos de todo en el supermercado. Eso sí, casi todo de muy mala calidad, incluso la carne.

¿Sabes cuándo tendrás este tema controlado? Cuando entres en un restaurante y no digas: "¡Bueno, un día es un día!". Se trata de que, si pides carne, en vez de acompañarla con patatas, lo hagas con ensalada o verdura. ¿Cuesta hacerlo verdad? Bueno solo el 5 por ciento de la población son personas realmente exitosas con libertad en muchos sentidos. ¡Tú decides dónde estar!

¿Nunca te has preguntado por qué te levantas cansado por las mañanas, aunque hayas dormido bastantes horas? Mientras tú duermes tu estómago está luchando como un loco por digerir la mierda de cena que has ingerido. ¡Espabila!

¿Eres de los que te gusta comer mucho? ¿Quieres saber cómo podrías comer más? Muy bien: come menos. Si no te atiborras cada día, vivirás más años y a la larga, comerás más.

Es gracioso, pero es una realidad. Está demostrado que quien come lo justo y no en exceso, retrasa el deterioro del sistema inmunológico.

Espero que hayas visto la palabra de activación, tres párrafos arriba, y te hayas levantado al momento. Si no, tienes que estar muy atento a cada palabra. ¡Tómate en serio este libro! Si quieres cumplir tus sueños, tienes que pagar el precio. ¡Hazlo ahora mismo!

La fruta es un alimento importantísimo para el ser humano. Es el alimento que consume menos energía durante la digestión, limpia y nutre nuestro cuerpo. Es un alimento perfecto. Contiene un 90 por ciento de agua aproximadamente. Además, la fruta contiene principalmente fructosa, que se convierte fácilmente en glucosa y, es precisamente, el único nutriente que nuestro cerebro necesita.

La fruta hay que comerla en ayunas. Esto es debido a que esta se digiere en el intestino delgado y es necesario que pase por el estómago en cuestión de minutos, para que así se libere en el intestino todos sus azúcares. El problema radica cuando en tu estómago hay carnes u otros alimentos que retienen la fruta en tu estómago durante horas y horas. Entonces, la fruta fermenta, se crea una sensación desagradable para ti y no aprovechas los beneficios.

Cuando te levantes por las mañanas lo ideal sería que desayunaras solo fruta y nada más. Y durante toda la mañana nada más que fruta. También puedes tomar zumos, pero que sean totalmente naturales, sin añadidos ni químicos.

Tienes que entender que tu cerebro es lo que necesita. Cuando aprendas a prescindir del café y muchas mierdas que tomamos en la mañana, experimentarás un nivel de energía y vitalidad que no eres capaz de imaginar.

Hace poco me enseñaron una imagen de una buena propiedad del café: antioxidantes, y yo dije: "Fabuloso pero unos frutos rojos te van a aportar más antioxidantes y no estás ensuciando tus dientes, entre muchas otras cosas".

También tienes que tener en cuenta que beber líquidos durante las comidas no es beneficioso para tu sistema digestivo. Digo líquidos porque mucha gente, durante las comidas, bebe zumos azucarados y con añadidos artificiales, lo cual no es nada saludable como ya sabemos. Tampoco conviene zumos naturales; recuerda, la fruta sin nada más en el estómago. ¿Y durante las comidas tampoco puedo beber agua? No deberías, a no ser que te estés atragantando.

Al ingerir líquidos durante las comidas, lo que estás haciendo es diluir los jugos digestivos y hacer mucho más lenta la digestión; el ácido pierde fuerza para descomponer los alimentos.

Yo, por ejemplo, llevo muchos años sin beber agua durante las comidas. Estoy más que acostumbrado. Si tú no estás acostumbrado, pensarás que sí necesitas beber para comer. Muy bien, ve disminuyendo la cantidad de agua cada día hasta que no la necesites. También no es aconsejable beber agua inmediatamente después de las comidas; espera a que el ácido de tu estómago haga su efecto a máxima eficiencia.

Si quieres empezar ya a desayunar fruta todos los días, adelante, pero es opcional. Recuerda que los retos y toda la práctica sobre esta teoría la realizaremos en la segunda parte de este libro. Ahora lo importante es que lo entiendas todo muy bien, que busques más información si algo no te ha quedado claro y que estés muy atento por si aparece una palabra de activación. También te recuerdo que escuchar una música relajante e inspiradora sin mucho volumen te ayudará a estar mucho más metido en la lectura.

Otro punto a tener en cuenta. No cenes justo antes de acostarte. Debes de acostumbrarte a no ingerir ningún alimento, excepto fruta, después de las nueve de la noche. Esto, afecta en la conciliación del sueño y en el descanso profundo. Si aumenta tu calidad de sueño, estarás más vital y luego no tendrás tantas ganas de hacer siesta o estar relajado sin ser productivo. El problema de dormir mal es que estropeas tu día y esto es una noria que no para de dar vueltas.

Bien, ahora vamos a hablar de las proteínas, en especial de la carne y la leche.

No quiero incitarte a que te hagas vegetariano, pero quiero que entiendas que hay alimentos mucho más beneficiosos para tu salud y para tu vida en general.

En todo el mundo, está demostrado, los vegetarianos son los que tienen los huesos más fuertes. Los enfermos de leucemia suelen presentar niveles más altos de ácido úrico en la sangre. Y ten en cuenta que una ración normal de carne contiene un gramo de ácido úrico. El organismo no puede eliminar más de unos 700 miligramos de dicho ácido al día.

En la carne, proliferan las bacterias de la putrefacción. Mientras dura la vida del animal, los procesos osmóticos del colon evitan que las bacterias de la putrefacción invadan el organismo. Pero cuando el animal muere, el proceso osmótico cesa y las bacterias de la putrefacción atraviesan las paredes del colon invadiendo la carne, y esto hace que la carne esté más tierna y se disfrute más.

Si no puedes evitar comer carne, al menos, que la poca carne que ingieras sean de animales criados en pastos naturales, (obviamente hay muchos menos animales así) y, además, su carne es más cara. Pero vale más eso que comer animales que solo se han alimentado de piensos con hormonas de crecimiento.

Me resultó muy curioso saber que Pitágoras, Sócrates, Platón, Aristóteles, Leonardo Da Vinci, Isaac Newton, Voltaire, Benjamin Franklin, Thomas Edison, Mahatma Gandhi... fueron vegetarianos.

Vamos a hablar de la leche. Especialmente la de vaca, que es la leche que más consume la población mundial. Para empezar, la leche de vaca contiene poderosas hormonas de crecimiento, ya que el ternero, de unos 40 kilos en su nacimiento, necesita crecer y alcanzar un peso adulto de unos 450 kilos. Está más que demostrado que beber leche de vaca u otros animales, crea muchos problemas para el ser humano, entre ellos alergias.

Cuando bebes leche de vaca, todo tu sistema excretor funciona sobrecargado y, mucho más, tu hígado, que se tiene que encargar de eliminar las proteínas de una vaca de 450 kilos. Pero si no bebo leche, ¿puede que me falte calcio? En absoluto. Si tomas verdura en abundancia, sésamo o frutos secos, no solo tendrás suficiente calcio, sino que tu cuerpo te lo agradecerá. Eso sí, no olvides de combinar correctamente todos los alimentos.

El queso, los yogures son derivados de la leche. Un queso de 1 kilo son 10 litros de leche concentrada. Sí, también deberías prescindir de todos los derivados de la leche.
Sé que todo esto te puede parecer difícil. Solo quiero que lo entiendas. Dejar de lado las natillas, la pizza o un buen helado puede parecerte imposible, pero no lo es. Si eres un amante del queso, por ejemplo, puedes poner unos daditos de queso blanco en una gran ensalada, hasta que te acostumbres a prescindir de ello. Todo es acostumbrarse, lo puedes hacer paulatinamente o de golpe, pero lo que está claro es una cosa: todo éxito requiere pagar un precio.

Si tomas la decisión, verás que, en un corto período de tiempo, se producirán cambios en ti. Eliminarás toxinas acumuladas durante años y años y tu nivel de energía aumentará considerablemente.

Tomar nutrientes no es una mala idea. Es verdad que no es imprescindible, pero teniendo en cuenta la variedad y cantidad que tienes que ingerir cada día, para que tu cerebro y cuerpo tengan todos los niveles de macronutrientes (proteínas), micronutrientes (vitaminas, minerales) y fitonutrientes (plantas) al 100 por cien, es de entender que una ayuda extra, no viene mal. No solo por tiempo de comer kilos y kilos, sino por economía.

Eso sí, si tomas nutrientes, asegúrate muy bien, contrastando información, que son 100 por cien naturales y cumplen las expectativas para tu organismo.

No es de extrañar que malos hábitos alimenticios generen malestar, dolor de cabeza, insomnio, picores en el piel o piel más sensible, pesadillas, mareos, mala memoria, tener más hambre de lo normal, molestias en el estómago, estar intranquilo, falta de disciplina, estar preocupado, deprimido, desorientado, ponerse nervioso, llorar sin motivo... Sí, hay muchos más factores para llorar sin motivo, por ejemplo. Pero, entiende que la alimentación es fundamental en tu vida y afecta directa o indirectamente a todo.

Deporte

¿A quién no le gusta ver un cuerpo trabajado, un cuerpo sin grasa y definido? Es verdad que hay personas que por genética tienen mayor facilidad para tener un buen cuerpo. También hay personas que por su genética tienen mayor facilidad para engordar. No obstante, si quieres tener un buen cuerpo, vas a tener que trabajar, pagar el precio.

Bien, hablando de deporte y aspecto físico habrá muchas personas que dirán: "Yo estoy bien así, a mí no me hace falta tener abdominales, yo tengo mi grasilla, pero estoy muy feliz y no quiero cambiar. A mí déjame seguir comiendo lo que quiera; para eso estoy en la vida, para disfrutar".

La magia de cuestionar tu verdad, recuerda que lo hemos visto en el primer capítulo, es que aprendes a escuchar tu inconsciente. Muchas veces decimos algo, pero en el fondo pensamos otra cosa. Cuanto más hables desde tu inconsciente, más real eres. Y esas son las personas que mejor saben transmitir, que la gente quiere pasar más tiempo a su lado. Por eso, he de decirte que la mayoría de personas, por no decir todas, preferirían tener un cuerpo sin grasa y definido, otra cosa es que no lo necesiten.

Yo, personalmente, prefiero tener un cuerpo trabajado, fuerte, pero nada exagerado. Está claro que no lo necesito, pero si lo prefiero. Al igual que prefiero tener mucho dinero, un superdeportivo, una mejor casa, pero no necesito nada. Creo que deberíamos ser como la mayoría de personas exitosas en este mundo, ambiciosos, pero no avariciosos. Con espíritu de superarnos y avanzar.

El puto problema está en que tener un cuerpo trabajado, requiere un gran esfuerzo. Requiere una gran constancia, fe y momentos duros donde se siente fatiga y dolor. Tu cerebro no es tonto, tu propia naturaleza quiere que siempre vayas por el camino más rápido y más fácil sin importar el puto resultado. Lo que te haga sufrir menos. Claro ese instinto que tienes de descansar y decir que ya no puedes más y que te rindes, no tiene fe. Ese instinto que siempre hace que abandones y te pongas cómodo, no ve más allá de lo que tiene delante, no ve que, si continúas, tendrás un cuerpo que sí lo prefieres y que sí te sentirás orgulloso de ello.

Claro, lo más sensato es no sufrir en este instante, pero luego estarás toda la puta vida, de manera inconsciente, sufriendo y teniendo complejos cuando ves a alguien que tiene un buen cuerpo o tienes una cita con alguien que está mucho mejor que tú.

Todo esto que acabas de leer es súper importante porque en muchas ocasiones lo piensas y hay conflicto dentro de ti, aunque luego lo quieras desaparecer rápidamente. Por eso creo que hacer deporte es muy importante. ¿Solo por esto? ¡No!

Una persona que practica deporte a diario o un par de veces a la semana, tiene menos probabilidades de enfermar. Y no solo eso, tienes mucha más energía, vitalidad, agilidad, ilusión, fuerza mental, persistencia, felicidad...
¡Coño! ¿Quién no quiere todo esto? A no ser que tengas una mentalidad de niño pequeño reclamando atención, tú querrás tener todo lo que acabo de decir y mucho más.
Entonces, espero que en la parte dos de este libro, te tomes muy en serio el deporte.

Cada uno se marca su nivel. Si quieres ser un deportista de élite: fantástico.
Si quieres ir 3 veces a la semana al gimnasio: genial.
Si quieres practicar calistenia en la calle todos los días: fabuloso.
Si quieres ir a correr de vez en cuando, hacer flexiones y abdominales en casa: maravilloso.

La cuestión es que te muevas. Si no tienes ideas, busca información, mira vídeos, pero muévete, porque si no, no vas a espabilar en tu puta vida.

CAPÍTULO CUATRO

Un ciego tiene más visión que tú

"La visión es la fuente y la esperanza de la vida".

—DR. MYLES MUNROE—

Una persona ciega no tiene vista, pero puede que sí tenga visión. ¿Qué es la visión? Muy sencillo de explicar. La mayoría de personas ven lo que tienen delante de sus ojos. Se mueven, piensan y se esfuerzan por situaciones que ven o que han visto al alcance de su vista.

¿Por qué hay ciegos exitosos? Ciegos que han cumplido los sueños que quizás tú quieres cumplir. Ciegos que hacen cosas increíbles, que han logrado inventos importantes o que tienen negocios multimillonarios. Muy sencillo. Ellos tienen visión.

Cuando uno tiene visión es capaz de ver en la oscuridad, a ciegas, a solas, es capaz de ver desde el corazón y detrás de las montañas. Es capaz de ver cuando las cosas están realmente jodidas o cuando lo ha perdido todo. Cuando uno tiene visión se convierte en una persona imparable.

Si tú solo estás interesado en tu sueño, este nunca llegará a cumplirse, pero si tú estás dispuesto a hacer lo necesario, a pagar el precio que tengas que pagar; tu visión, más allá de lo que ves, será máxima y podrás alcanzar todos tus sueños.

Tu visión es lo que tú, en el fondo, quieres alcanzar. Es tu don. Muchas veces, nos aferramos a oficios o profesiones que nos ha implantado la sociedad o nuestra familia; pero en el fondo, no nos hierve la sangre, no nos apasiona y no somos realmente felices. Simplemente alcanzamos un nivel de comodidad y ya.

Muchísima gente trabaja por dinero. Eso es no tener visión, no estar realmente vivo. Ese tipo de personas no mejoran el mundo, no impactan, no crean cosas que perduran durante años y años. De lo que se trata es de trabajar para la visión que hay dentro de nosotros.

Tú deberías estar tan ocupado desarrollando tu propio don, que no deberías tener tiempo para distraerte con cosas que te alejan de tu propósito, no deberías tener tiempo para estar celoso de nadie y, tampoco deberías tener tiempo para culparte, amargarte o sentir lástima por ti.

Por eso es sumamente importante que aprendas a tener visión, a ver desde tu interior. Así podrás saber lo que es volar, lo que es ir por las calles flotando de alegría, te transformas, te conviertes en tu mejor versión y, ¡qué coño!, así la vida se disfruta mucho más, lleno de ilusión y pasión.

Por eso tienes que esforzarte. Tú puedes escoger quedarte ahí donde estás ahora mismo, o puedes decidir ir hacia delante en la vida, en busca de tu sueño o visión.

Cuando estás verdaderamente apasionado, da igual que haya 99 personas que sólo estén interesados en hacer algo o en llegar a ser alguien. Tú eres más fuerte que todos ellos y que todo lo que se ponga en tu contra.

En esta vida, la gente exitosa crea cosas que ayudan al resto de seres humanos. Ya sea un producto, un servicio: todo es por ayudar a los demás. Las personas no te van a soltar el dinero por tu cara bonita. Siempre hay un intercambio.

Antiguamente se cambiaban unos alimentos por otros. Ahora, se cambian productos o servicios por dinero. Si te digo esto es porque quiero que te quede muy claro que tu sueño, cuanto más enfocado esté en ayudar a los demás, más fácil será que haya el intercambio con el dinero.

Y sí, puede que lo que hagas, no lo hagas por dinero, sino por puro amor. Aun así, déjame decirte que conforme pasan los años y tú mismo te tienes que mantener, obviamente, le das más importancia al dinero, porque la tiene y porque sirve para tu ropa, tu comida, tu pareja, para todo.

Por esa razón, si tu visión no está enfocada en ayudar a la humanidad o en edificar a los demás de alguna manera, te será muy difícil lograr nada. Y ten muy en cuenta, que cuanto más corazón le pongas a tu visión, no solo más rápido lo lograrás, sino que será una visión muy comercial, el mundo querrá pagar por ello, por algo tan real. Ten en cuenta que tu visión tiene que ser específica. No puedes querer hacerlo todo.

Piensa en el mejor jugador de tenis, el número 1. ¿Qué crees que le hubiera pasado si decide ser el número 1 en fútbol y tenis? Lo más seguro, que no lo hubiera sido en ningún deporte. Por eso tu visión tiene que ser muy concreta, tienes que saber hacía donde ir, como si fueras un avión. Si no, tu vida es como un barco sin brújula en la inmensidad del mar. No ves la tierra, no hay esperanza y abunda la tristeza.

Tienes que entender que el éxito viene en etapas. Tu visión se va cumpliendo un poco hoy y otro poco mañana, y otro poco la siguiente semana. No puedes esperar que tu visión se realice de un día para otro. Para eso están las loterías, y espero que no juegues porque es lo peor que te podría pasar. Una porque si careces de inteligencia financiera, la probabilidad de perderlo todo y arruinarte es del 80 por ciento. Y la otra, es que, si de verdad eres tan bueno, crea, construye y gana por tu propio mérito. Entonces, ten paciencia, que si no dejas de ver más allá de lo que tus ojos ven y sabes aguantar el proceso, poco a poco irás viendo como tus sueños se hacen realidad.

Recuerda que aquí no hay buena o mala suerte. Olvídate de decir que tú siempre tienes buena o mala suerte, olvídate de la casualidad, del karma o del destino. Todo ocurre por tu forma de pensar. Tus pensamientos repetitivos e inconscientes, provocan acciones, resultados y luego tú los asocias a tus creencias. Querido amigo, tienes que espabilar. Venga, aquí hay otra palabra de activación. ¡Hazlo ahora mismo! Y espero que hayas visto la que está al final del capítulo anterior.

"La mala suerte es para aquellos que creen en la mala suerte".

—José Montañez—

Si tú quieres algo con muchas ganas, tú vas a tener la suficiente paciencia para adquirirlo; aún si el tiempo que tienes que esperar para que todo se realice no es el que esperabas. Si las cosas no van como pensabas, ajusta tu interior. Tu mundo exterior no tiene la culpa de nada. Puede que te dificulte, sí. Pero todo se crea y se realiza desde tu interior.

Nunca olvides que tu pasado no es más grande que tu futuro. Tu propósito es mucho más grande que tus errores y todas tus mierdas.

Tu visión es un claro retrato de condiciones que no existen actualmente, pero que pueden llegar a existir. Es una imagen mental muy fuerte de un futuro preferible.
Una visión siempre te va a llevar de lo bueno a lo mejor, y de lo mejor a lo excelente.

Cuanto más clara sea tu visión, más pasión tendrás y eso te mantendrá continuamente moviéndote hacia delante en la vida.

No debes permitir que otro ser humano juzgue tu potencial. Tu trabajo actual quizás es muy necesario para poder desarrollar todo el potencial que hay escondido en ti.

Tú nunca vas a ser exitoso si no tienes pasión. La gente apasionada son aquellos que han descubierto algo más grande que su propia vida. Algo que ayuda al mundo y eso es más importante que estar en su país, con su familia, etc.

Puede que te deprimas cuando no estés trabajando en tu visión. Entonces, actúa, da el cambio. Debes poner todo tu corazón en tu visión.

No sólo la tristeza por tus condiciones presentes, sino también el enfado, te pueden llevar hacia nuevos horizontes. Tú nunca vas a ser exitoso a menos de que te enfades con relación a no hacer lo que tú sabes que deberías estar haciendo. Si simplemente estás contento con lo que haces, tú vas a terminar conformándote.

La mayoría de la gente en la tierra no tiene ninguna pasión por la vida debido a que no existe ninguna visión en sus corazones.

Recuerda, que los verdaderos diamantes son los que aguantan presiones altas. Si tu visión es clara, sabrás estar firme bajo presión. Firme cuando vengan días malos, rachas malas, etc.

La pasión significa que lo que yo creo es mucho más grande de lo que yo veo. La persistencia te va a mantener moviéndote hacia delante, pero tú necesitas pasión para alimentar tu persistencia. La pasión viene tras la visión.

La gente se detiene demasiado pronto. Ellos no llegan a ganar porque ellos se rinden cuando caen la primera vez. Una persona de pasión siempre va a estar ansiosa por volver a levantarse y realizar su visión.

La vista es una función de los ojos, mientras que la visión es una función del corazón, de tu interior, de tus entrañas y, al fin y al cabo, todo está en tu mente.

"Lo que es peor que ser ciego, es tener vista sin visión. Los ojos que miran son comunes, pero los ojos que ven son muy raros".

—Helen Keller—

Nunca permitas que lo que ven tus ojos determine lo que tu corazón llegue a creer. Tú debes llegar al punto donde solo te enfoques en aquello que es necesario para realizar tu sueño. Si tú no haces esto, tú nunca vas a llegar al final de tu visión.

Ten en cuenta que cuando tu comienzas a actuar en tu visión, va a incitar tanto a aquellos que te quieran ayudar como aquellos que te quieran detener.

Tú te conviertes en aquellos con quienes tú pasas tu tiempo. Muéstrame a tus amigos y yo te mostraré tu futuro. No estés en compañía de aquellos que no van a ningún lado en la vida. Escoge amigos que van en la misma dirección en que tú vas.

Tus amigos y la gente con quien tú te asocias no quieren que tú salgas de tu situación actual, porque no quieren que los dejes atrás. Necesitas acostumbrarte a la idea de que la gente va a hablar chismes acerca de ti, y te van a tratar con malicia debido a tu visión. Todo esto es parte del proceso. Frecuentemente es prueba de que tú estás haciendo algo importante con tu vida.

Ten cuidado con tu familia, tu madre puede decirte: "mejor quédate en tu trabajo, es más seguro". Mucha gente quiere que tú te conviertas en lo que ellos querían llegar a ser, y no en aquello que está dentro de ti y te arde.

Cuando la gente está enfadada, ellos hacen preguntas para desanimarte. Si la gente te comienza a odiar es porque tú vas en busca de tu visión y expones su propia falta de visión. Hay personas que no podrás pasar ni 2 minutos con ellas, siempre se están quejando. Hablas un rato con estas personas y te sientes cansado como si hubieras usado toda la energía de tu vida y te sientes deprimido después. Debes aumentar tus influencias positivas. Es súper importante.

Todos los recursos que tú necesitas para realizar tu visión son como si estuvieran escondidos cuando empiezas. Se trata de empezar y no alargarlo. Una vez empiezas, todo va apareciendo.

Si tú no quieres problemas, entonces, no hagas nada importante en la vida. Valor significa tener miedo, pero sigo moviéndome. Nunca olvides que solo la gente persistente es la que gana. Ellos nunca aceptan un no como respuesta cuando tiene que ver con las visiones.

Lo bueno es que cuando tú ganas, tú te olvidas de todos los golpes que tú recibiste durante la pelea. Una persona paciente es mucho más fuerte que un guerrero poderoso. Cuando tú tienes visión, nadie puede ofenderte. Mientras que tú puedas soñar, hay esperanza. Y mientras hay esperanza, hay vida.

Haz que tu vida en esta tierra cuente para ti mismo y para los demás. Tu vida va a estar en los corazones y en las memorias de todos aquellos que nunca podrán olvidar todo lo que tú hiciste. No es necesario monumentos, pero que siempre te recuerden por tu impacto.

La habilidad para soñar es el poder más grande que existe sobre la tierra. La tragedia más grande en la vida no es la muerte, sino una vida sin propósito.

Ojalá tus visiones se conviertan muy pronto en una realidad y que lleguen a impactar a aquellos que aún no han nacido. Ojalá, muy pronto, tú puedas ver mucho más lejos de lo que ahora mismo ves.

CAPÍTULO CINCO

¡Qué nadie te mangonee!

*"Eres más valiente de lo que crees, más fuerte de lo que
pareces y más inteligente de lo que piensas".*

—CHRISTOPHER ROBIN—

Me acuerdo perfectamente uno de los primeros días que estaba en el taller mecánico de la escuela. Sí, quería ser mecánico de coches y me estaba sacando un título. Estábamos ahí todos los alumnos y yo estaba escuchando a mis compañeros. De repente, encontré el mejor momento para hablar y me lancé a decir un par de cosas. Cuando terminé, un alumno, un compañero, me mira se ríe y me dice: "¡Qué inocente eres!".

Eso a mí, se me clavó como un puñal, porque yo precisamente sabía que era inocente y que me lo dijeran, que lo descubrieran tan pronto, me dolió.

Parte de mi niñez, toda mi adolescencia y parte de mi juventud siempre he pensado que era muy inocente, más que nada, porque me daba cuenta. Era más lento para reaccionar, para pensar, para entender las bromas, los chistes, el sarcasmo, la ironía... No era nada listo y me costaba retener la información.

Mi falta de seguridad hacía que me pusiera muy nervioso. Si tenía que leer en clase delante de mis compañeros, sentía vergüenza, la sangre me subía a la cabeza, me sonrojaba, la voz me temblaba y se notaba a leguas esa falta de seguridad en mí mismo. Para intentar combatir esto, lo que yo hacía era ser más serio de lo normal. No reía, no hablaba mucho, me apartaba de los demás y era una especie de bicho raro, reprimido y que ponía nervioso a las personas de mi alrededor. No era normal. Pero, ¿quién coño dice que hay que ser normal?

El puto problema de lo que te acabo de decir no es que yo fuera menos listo que mis compañeros. He de decir que era muy inteligente. A pesar de mi ignorancia y falta de velocidad mental; era uno de los alumnos que mejores notas sacaba en los exámenes de mecánica. Eso sí, estudiaba mucho, mucho más que mis compañeros. Si un compañero mío necesitaba una hora para aprenderse un tema, yo necesitaba el doble como mínimo. Entonces, ¿cuál era el puto problema? ¡Que no era feliz! Me comparaba con los demás, me sentía inferior y sufría por ello constantemente.

¿Sabes que me diría a mí mismo hace unos años atrás, cuando sufría tanto? Querido José: Tienes que soltar. Tú eres como eres y no te tienes que culpar. ¿Eres más lento, mentalmente, que tus compañeros? Bueno, no pasa nada. Crecer es un proceso, crecer es bueno y por eso, poco a poco, vas a ir creciendo. El truco está en aceptarte tal y como eres en este mismo momento, saber que vas a mejorar y en ese camino sonreír y disfrutar al máximo. Tú no tienes culpa de nada. Serías culpable, si decidieras no crecer y estancarte. Serías culpable si decidieras no ser tú, esconderte en algo que no eres, ser un amargado, o simplemente, ser un infeliz. Porque de esta manera tus compañeros ven lo débil que eres, ven que te afecta y lo peor de todo, que así no puedes crecer. Así, te seguirá pasando el tiempo siendo un infeliz. ¡Suelta todo coño! Las etiquetas, las apariencias... Y di: "este soy yo". Aquí estoy yo con mi ignorancia y con mis virtudes. Si no te gusta como soy pues te vas a la mierda. Seguro que hay gente mucho más humilde que tú. Lo bonito de tener postura y soltar las etiquetas es que ganas seguridad en ti mismo y así, no solo eres enormemente feliz, sino que creces muy rápido y luego te das cuenta de la ignorancia del que te llamó ignorante. Querido lector, todo es un proceso y tú estás por el buen camino.

Es alucinante como una persona puede cambiar con unos cuantos libros, unos cuantos vídeos, unas cuantas conferencias y unos cuantos amigos.
Si tú cambias lo que lees, lo que escuchas y con quien te relacionas, cambias tu vida y es algo verdaderamente mágico. Te transformas en otra persona. Y si miras al pasado, solo puedes decir: "¡Wow!".

Como has podido ver, yo no era la persona que soy ahora. Hoy en día no solo me considero inteligente, porque me gusta aprender, investigar, mejorar... sino que me considero listo, porque soy más avispado, ágil mentalmente, reacciono más rápido ante todo, tengo más chispa y más picardía en la vida. Yo mismo me doy cuenta. Tengo conversaciones con las personas mucho más fluidas, soy mucho más sociable, tengo menos miedo, soy más atrevido, sé vender mejor porque sé venderme como persona, etc.

Lo que más me impacta es cuando hablo con alguien y me dice: "Es que eres muy rápido, pillas muy rápido las cosas, no te puedo mentir o ya sabes lo que te quería decir".
Cuando me dicen algo así, vuelvo al pasado y digo: "¡Increíble!". Obviamente no soy ningún especialista mental, ni ningún adivino, pero es verdad que mi cerebro ha hecho una transformación abismal, ha espabilado. Y por supuesto que lo noto, que lo notan y es algo maravilloso.

¿Qué crees que pasaría si al José de antes le dijéramos quién va a ser hoy? Primero de todo, le costaría entenderlo o diría que no hace falta y, a parte, no se lo creería. Encima, si le dijeras el proceso que tiene que pasar, se asustaría y huiría.

Querido lector, si te digo esto es porque creo ciegamente que tú puedes transformar tu vida. Rotundamente, sí. Eres un puñetero ordenador, si cambias tu programación mental, cambias tu vida, así de claro. Recobra la esperanza porque aún estás a tiempo de brillar. Me da igual la edad, dónde estés, quién seas o qué tengas. Si cambias la información que tiene tu cocorota, cambian tus pensamientos y eso lo cambia todo. Si estás leyendo esto, agárrate fuerte allá donde estés porque muy pronto serás tú el que diga: "¡Wow!".

Leyendo esto, ya nadie te debería mangonear o, al menos, no te debería afectar que alguien se ría de ti, te intente hacer sentir inferior para elevar su pobre autoestima, etc.

Leyendo esto, deberías aceptarte tal y como eres y no perder esa llama, esa ilusión por continuar aprendiendo y creciendo para ser esa persona de la que te sientas orgullosa de ella. Te lo digo de corazón. ¡Puedes transformar tu vida, ser alguien sumamente feliz en su visión y eso impactará mucho! ¡Espabila!

A continuación, vamos a hablar de la sociabilidad, de la mente humana, de las distintas formas de pensar, de cómo piensas tú, cómo piensan los demás, cómo puedes congeniar mejor con todos, cómo saber venderte mejor, cómo ser mucho más extrovertido, cómo hacer que la gente pase gusto al hablar contigo...

La sociabilidad y todos estos temas son muy importantes para el ser humano. Somos seres que nos relacionamos. Las relaciones nos afectan prácticamente en todo, incluso en las necesidades básicas. Por eso es algo que tienes que dominar. Porque así tendrás más seguridad en ti mismo, una capacidad comunicativa mucho más potente y elevada que el resto, serás más extrovertido, espontáneo, atrevido, mejor vendedor... y eso hará que seas muchísimo más feliz, y así lograr tu éxito, es mucho más fácil.

Los trucos de la sociabilidad

Es muy curioso que más del 90 por ciento de las personas que han cometido un asesinato, se consideren inocentes. Tienen una excusa perfecta, algo a lo que agarrarse para no sentirse culpables por lo que han hecho y así sentirse mejor.

Lo mismo pasa en la mayoría de seres humanos con cosas mucho más cotidianas. Nadie quiere que le quiten la razón ni le rompan el argumento de su supuesta inocencia.

Por tanto y de forma general, la crítica es inútil porque pone a la otra persona a la defensiva. La crítica es peligrosa, porque lastima, hiere el precioso orgullo de la persona, daña su sentido de la importancia, y despierta su resentimiento.

Es curioso que los animales aprenden mucho más rápido si se les premia que si se les castiga. Lo mismo pasa con el ser humano. Si se sienten castigados, amenazados y no premiados, muy rara vez te lo van a agradecer.

Cada vez que sintamos la tentación de criticar a alguien, de condenar, de quejarte por lo que ha hecho, piensa en ese malhechor como culpa a todos menos a sí mismo. En general, todos somos así. Tenemos tendencia a alejarnos de las personas que constantemente critican, porque eso desmoraliza.

¡Espabila de una puta vez! La mayoría de seres que caminan por las calles, son animales emotivos, criaturas llenas de prejuicios, llenas de orgullo y vanidad.
En lugar de condenar, desaprobar o reprender a las personas; trata de entenderlas, trata de comprender su situación, por muchos argumentos que tengas.

Se necesita carácter y dominio de sí mismo para ser comprensivo y capaz de perdonar. Se necesita mucha fuerza mental para morderte la lengua cuando sabes que tienes la razón y que la otra persona está demasiado equivocada.

Trata de invertir tiempo en ti, en corregirte, en analizarte, júzgate a ti mismo y cuando seas perfecto, ve y quéjate a los demás, diles sus errores y quéjate de todo. Creo que te ha quedado muy claro. Evita criticar, condenar o quejarte en presencia de alguien. A no ser que quieras alejarla de ti.

La manera más fácil de lograr que alguien quiera hacer algo es que, de verdad, quiera hacerlo.
¿Qué es lo que desea la mayoría de seres humanos? Salud y seguir con vida, comer, buen sexo, vida en el más allá, tener sueños ardientes, todo lo que el dinero ofrece, bienestar de los hijos, sentirse importantes...

Estás cosas que acabo de mencionar están implantadas en nuestras vidas. De tal manera que nuestras mentes, en el inconsciente, están todo el rato pensando en las cosas que deseamos; eso nos causa felicidad y queremos seguir adelante. Todo esto al cerebro le encanta y así la vida va muy bien.

Es obvio que, si tus temas de conversación con una persona están enfocados en poder acercar todo lo que desean a sus vidas, te van a querer mucho, te van a tratar muy bien, confiarán en ti, les caerás muy bien y no te querrán perder.

Según autopsias y médicos expertos que analizan el cerebro en profundidad, se ha llegado a demostrar, que muchas personas no enloquecen por ninguna enfermedad, sino porque no consiguen lo que desean, por ejemplo, sentirse importantes y que les presten atención.

Imagina que estamos en un restaurante que sirven un plato increíblemente bueno. La mayoría de personas callan y comen, todo está correcto. También hay una minoría que agradece directamente al camarero, al cocinero o al chef lo espectacular que está el plato. ¿Qué pasa si en ese mismo restaurante uno de los platos no está muy bueno? Pues que arman un escándalo y recriminan ese mal plato, aunque muchos platos anteriores, hubieran estado buenísimos.

Es curioso cómo puedes cambiar el día de una persona, simplemente, dándole las gracias.
Agradecer es encender pequeñas llamas de amistad. Es hacer sentir importante a la otra persona y eso es lo que uno quiere para su vida.

¿Qué pasa con las parejas? Normalmente, por llevar mucho tiempo, damos por sentado que hay amor y no manifestamos nuestro aprecio constantemente. He aquí la cantidad de tantos divorcios.

Date cuenta que bien alimentamos a nuestros hijos, carne, patatas... Muchos regalos materiales... pero nos olvidamos de darles palabras preciosas que resuenen en su conciencia durante años y años.

Ya sabemos que herir a alguien es algo totalmente absurdo, es alejarlo de nosotros. De lo que se trata, es de que veas a todo el mundo superior a ti en algún sentido. Así te será más fácil mostrar respeto y aprecio sincero.
Si procuras acercar lo que las personas desean en su interior, mostrando aprecio honrado y sincero constantemente; provocarás que tus palabras resuenen en sus conciencias incluso después de que tú las hayas olvidado.

A pesar de que no me gusta generalizar, he de decir que todos coincidimos en una cosa. Nos importa una puta mierda los deseos de los demás y lo único que nos importa son nuestros propios deseos. Y uno de tus deseos principales es sentirte bien contigo mismo, sentirte a gusto, sentirte feliz. Eso indica que si el deseo de esa persona, la cual estabas intentando ayudar, no te causa ningún bienestar ni satisfacción interna, no le ayudarás.

Si quieres que una persona deje de fumar, no le sermonees constantemente. Trata de hacerle ver las cosas que posiblemente perderá, esas cosas que también desea.

En tu tema de conversación con una persona, tienes que tratar de despertar un intenso deseo en su interior, hablar de lo que la otra persona quiere conseguir. Puede ser, ver su sueño más cerca, o simplemente recibir consuelo porque se siente mal.

En este último caso ten en cuenta que la persona quiere desahogarse contigo, no que le digas que eso no es nada o eso se pasará al momento. La persona quizás necesita que le des la razón, que la escuches, que la consueles y así se pueda desahogar y poco a poco, ella misma poder salir de ese pozo y ver la luz.

"Si hay un secreto del éxito, reside en la capacidad para apreciar el punto de vista del prójimo y ver las cosas desde ese punto de vista, así como desde el propio".

—HENRY FORD—

Cuando quieres conseguir algo de alguien, no digas lo que tú quieres, di lo que la otra persona puede lograr. Es una tarea un poco más complicada, pero muchísimo más efectiva.

Es obvio que aquí la falsedad te puede jugar una mala pasada. Se trata de mostrar verdaderamente un aprecio sincero siempre, en tus hechos y en todas tus palabras. Si eres un falso, transmitirás una mala energía y la gente lo notará.

Cuando tenemos una idea brillante y se la compartimos a alguien, en muchas ocasiones te darás cuenta como su cara cambia, como si no le gustara lo que escucha. Es muy sencillo, estás siendo tú el protagonista. En lugar de hacer que la otra persona piense que es nuestra idea, ¿por qué no dejarle que elabore esa idea por sí misma? Entonces considerará que esa idea es suya; le gustará mucho más.

Si quieres ganarte a las personas y que disfruten de estar a tu lado, siempre tienes que despertar en los demás un deseo apasionado.

En pocas palabras: no critiques, no condenes y no te quejes. Demuestra aprecio honrado y sincero. Y, por último, despierta en los demás un deseo apasionado.

Consejos para ser un amigo adorable

Interésate sinceramente por los demás.

En una semana eres capaz de hacer más amigos si te interesas de forma sincera por los demás que durante un año si solo te interesas por ti.

Ya hemos visto lo que la gente quiere. Y nadie querrá estar contigo si no le ayudas a cumplir sus deseos, o al menos que la persona note que estás interesado en sus deseos. De esta manera la persona se siente importante, inflas su autoestima y eso le causa bienestar.

Fíjate en esto, la gallina tiene que poner huevos, la vaca dar leche, el canario cantar... Pero el perro se gana la vida solo con demostrar su cariño por el dueño. No tiene que hacer nada más para ser mantenido y mimado toda su vida. Imagina el valor que le damos a sentirnos importantes. Claro, cuando el perro nos da cariño, nos hace sentir más valorados, más importantes, independientemente de todos nuestros defectos.

Ten en cuenta que la mayoría de las personas no se interesan en ti. No se interesan en mí. Se interesan en sí mismos, todo el santo día. Fíjate, cuando las personas llaman a su compañía de teléfono para aclarar algo, la palabra que más se escucha es "yo".

Otro ejemplo. Imagina que estás con un grupo de amigos o familiares y van a hacer una foto. Cuando la van a mostrar, ¿qué es lo primero que miras? En efecto, a ti mismo, es inevitable y lo mismo hace el resto. Los individuos que no se interesan de forma sincera por los demás, no solo tienen asegurado el fracaso personal, sino que pueden causar muchos daños al planeta y por supuesto a nosotros.

Los vendedores saben muy bien todo esto que acabamos de leer. Sin un interés real por la otra persona, es muy difícil vender. El producto, el precio y los detalles de la venta no es lo más importante. Lo más importante es la energía que transmites, el interés sincero que demuestras por el comprador y la conexión que hay entre vosotros hablando temas del comprador. Crea vínculos y coincidencias.

Sonríe.

Las acciones demuestran mucho más que las palabras. La sonrisa es súper poderosa. Es mucho más que un simple gesto bonito. Es mucho más que un simple sonido que puede ser contagioso.

La sonrisa es un lenguaje universal, es la manera más rápida de conectar y ganar confianza entre dos cerebros. La sonrisa provoca alegría y pensamientos bonitos que nos acercan a nuestros deseos. ¿Qué crees que enamora tanto de los bebés?

Fíjate, dos personas en la misma situación económica, de prestigio, etc. una puede estar feliz, y la otra no. Simplemente es una actitud mental.

"Casi todas las personas son tan felices como deciden serlo".

—ABRAHAM LINCOLN—

Por eso aprender a sonreír mucho a la vida es una decisión que debes tomar, una decisión que te ofrecerá muchas ventajas. Por tanto, cada vez que salgas a la calle, estira bien tu cuello, levanta la cabeza y llena los pulmones hasta que no puedas más. Siente el sol en tu piel, saluda a tus amigos con una sonrisa potente directa de tus entrañas y pon el alma en cada abrazo.

Eso sí, no intentes hacer una sonrisa poco sincera porque se notará. La sonrisa tiene que salir de tu interior si quieres que conecte.

La palabra más importante para una persona es su nombre.

Recuerdo perfectamente cuando trabajaba de mecánico en un concesionario Mercedes-Benz. A todos los trabajadores nos caía muy mal el gerente. Era una persona muy fría, muy prepotente, solo sabía dar paseos mirando mal al personal y ni te saludaba. Quería dar demasiado respeto al personal y lo único que hacía era caer mal a todo el mundo, haciendo que el personal no estuviera tan alegre y produjera menos.

El dueño de la empresa, después de muchos años, quiso cambiar de gerente. Este nuevo gerente era muy diferente. Lo primero que hizo fue aprenderse los nombres personales de toda la plantilla, y no éramos pocos. El mismo paseo que hacía el otro gerente también lo hacía el nuevo, pero daba los buenos días a cada uno de forma personal llamándonos por nuestro nombre e interesándose en cómo estaba yendo nuestro día. Todo el mundo estaba encantado con el nuevo gerente. Era alguien que infundía respeto, pero se le podía considerar como un amigo, un buen compañero de trabajo.

Desde pequeños escuchamos nuestro nombre y lo asociamos como una palabra nuestra. Es por eso que después de muchos años, si escuchamos a alguien por la calle decir nuestro nombre, nos giramos y buscamos al que ha dicho esa preciosa palabra.

A la hora de vender un producto o servicio es súper importante dirigirnos a la persona en varias ocasiones por su nombre. Esto hará que la persona ya no nos vea como un extraño.

En nuestros cerebros, de manera inconsciente, tenemos implantados el patrón del nombre. Cada vez que alguien pronuncia nuestro nombre dirigiéndose a nosotros, eso nos causa confianza, seguridad y nos hace sentir importantes, como cuando nos llaman nuestros amigos o familiares.

Ya basta de poner la excusa que estás muy ocupado o que tú eres malo para recordar nombres. Seguramente te ha pasado que otra persona se acuerda de tu nombre, te encanta, pero tú no te acuerdas del suyo. Eso es horrible y más aún si la llamas por otro nombre.
¡Espabila de una puta vez! Tienes que esforzarte, hacer cosas diferentes, pagar ese precio al éxito que tanto deseas. Nadie te va a regalar nada y nunca olvides que cada detalle cuenta muchísimo.

Mira, lo que yo hice fue crear una nota en mi teléfono móvil con nombres y pequeñas descripciones.
Cada vez que iba a un sitio nuevo, ya sea un bar, un local con un grupo de personas y entablábamos conversaciones e intercambiábamos los nombres, enseguida apuntaba en mi nota. Tienes que darte prisa en apuntar, de normal las personas no les damos importancia al nombre de otros y antes de acabar la conversación ya nos hemos olvidado de su nombre. Un ejemplo de lo que apuntaba: Nuria, chica rubia con tattoo en el cuello del bar centro. ¿Cómo crees que se sentía la chica cuando días después volvía a tomar algo en aquel lugar y la saludaba con su nombre?

Escucha y deja hablar a los demás.

Es súper halagador prestar mucha atención a lo que la otra persona está diciendo. ¿Por qué? Porque la haces sentir mucho más importante y, recuerda, eso es lo que la gente quiere. Obvio que eso también te gusta a ti y a mí. Pero si verdaderamente quieres despertar aún más, ser cada vez más feliz y exitoso, tendrás que esforzarte más. Es el precio que hay que pagar para ser más sociable y obtener muchos beneficios. Cuando vayas avanzando, irás viendo por las calles más animales que personas. Sí, personas animalizadas, que se nota que no han leído un libro en su vida.

Escuchar a la otra persona no solo es importante con tus amigos o familiares, sino que también es súper importante con clientes, en la venta. Hacer sentir bien a un ser humano es mucho más importante que lo que vendes.

Cuando estés escuchando a alguien tienes que prestar mucha atención a cada palabra que dice. Si te pones a pensar en lo que dirás después, no harás que la otra persona se sienta bien cuando se está desahogando y estarás perdiendo la parte más importante de la conversación.

Fíjate en los abuelos que están yendo constantemente al médico. Sí, son personas con más miedos y quieren quedarse tranquilos. También, lo que quieren es alguien que los escuche seriamente, que los comprenda.

Si quieres que la gente te eluda y se ría de ti a tus espaldas, y hasta te desprecien, aquí tienes la receta: jamás escuches mientras hablan los demás. Habla incesantemente de ti mismo. Si se te ocurre una idea cuando la otra persona está hablando, no lo dejes terminar, interrúmpelo y córtalo a mitad de una frase.

La persona que solo habla de sí misma, solo piensa en sí misma y pocos amigos puede tener.

Habla lo que la gente quiere escuchar.

Ya sabemos que el ser humano es muy egoísta y, sobre todo, si no sabe en profundidad qué es el ego, cómo puede combatirlo y ser más empático con el mundo. Es por eso, que es normal que las personas quieran hablarte y que les hables de sus cosas, de sus tristezas, de sus virtudes, de sus deseos y en general de toda su puta vida.

Así es, a la gente se la suda tu vida. Y si crees que exagero, ve a hablar con el primer amigo o familiar que encuentres y no pares de hablar de ti, de tus problemas y de tus cosas buenas, de lo mal que te está yendo el trabajo y de todo lo que vas a lograr dentro de un tiempo. A ver cuánto aguanta con la misma cara de ilusión que cuando te vio.

Empezará a arrugar la cara, ya sea porque considera que tantos problemas que salen de tu boca es demasiado tóxico para su vida o simplemente no le da gusto y quiere huir de la conversación. También, puede arrugar la cara porque siente celos de las cosas que presumes, o envidia de lo que tienes, o le dañas la autoestima con lo que crees que vas a conseguir, ya que la otra persona eso ni se le ha ocurrido y le haces sentir inferior.

En definitiva, tienes que analizar y saber cuándo, mínimamente, puedes hablar de ti. Pero normalmente, si quieres que esa persona le encante pasar tiempo a tu lado, tendrás que hablar mucho de lo que quiere oír, de sus cosas.

Habla de lo que la persona valora más en este instante. Este es el camino más rápido para llegar al "corazón" de alguien.

Haz que se sienta importante.

Todas estas técnicas son útiles y necesarias si quieres ser alguien realmente exitoso y disfrutar mucho más todas tus relaciones humanas.

Hay muchas personas despreciables, egoístas, que no pueden irradiar algo de felicidad y rendir un elogio sincero, sin tratar de obtener algo a cambio. Si nuestras almas son así de pequeñas, iremos al fracaso, a un fracaso merecido y absoluto.

Aplica todo esto con cariño y en cuestión de muy poco tiempo, unos meses quizás; verás cambios en tu vida que alucinarás. Tú te darás cuenta y tu círculo humano te preguntará, ¿qué has hecho para cambiar tanto?

Casi con cualquier persona que te cruces por la calle, se sentirá más importante que tú en alguna cosa y si no, mírate a ti mismo, analiza como piensas. Es por eso, que tienes que tratar de hacer entender a la otra persona, de manera muy sutil, que tú sí reconoces su importancia.

Pensar que todo el mundo es superior a ti en algún sentido, no solo hará que puedas ganar la confianza de esa persona, sino que aprenderás muchas cosas de cada una y eso en el fondo, es tu propio interés.

"Hábleles a las personas de ellos mismos y lo escucharán durante horas".

—DISRAELI—

Técnicas para vender mejor

No es posible ganar una discusión. Si discutes con alguien tratando de romper sus argumentos y dándote a ti la razón, lo único que harás será lastimar el precioso orgullo de tu amigo, familiar o cliente. De esta manera, no estás logrando que la otra persona esté a gusto y, por tanto, la estás alejando de ti. Solo hay un modo de ganar una discusión y es evitándola.

Si intentas vender una casa, y te la critican, y discutes, y ganas, le habrás dejado las cosas claras, pero no habrás vendido nada. Si discutes, peleas y contradices, puedes lograr, a veces, un triunfo; pero será un triunfo vacío, porque entre vosotros no habrá una buena armonía, pero sí habrá tensión y malos rollos.

> *"El odio nunca es vencido por el odio sino por el amor. Un malentendido no termina nunca gracias a una discusión sino gracias al tacto, la diplomacia, la conciliación, y un sincero deseo de apreciar el punto de vista de los demás".*
>
> —BUDA—

Entonces, ¿qué hago si alguien me dice algo y sé que tengo toda la razón? Lo primero de todo, cuidado con eso de que tú sabes. Yo, actualmente, no confío ni de mis pensamientos. Lo correcto siempre es cuestionar toda verdad y varias veces. Si estás demasiado seguro y la otra persona te contradice y quiere discutir; procede del siguiente modo:

- Acepta el desacuerdo. Tratar con la gente es todo un reto, estás aprendiendo y más si son personas que te sacan de quicio, personas que normalmente te caen mal. Tienes que aprender a tratar con ellos, a sentirte a gusto en esas situaciones, a no alterarte, sabiendo que nadie puede robar tu identidad y estando siempre dispuesto a aprender.

- Desconfía de tu primera impresión instintiva.

- Controla tu carácter.

- Primero escucha. Dale a tu oponente la oportunidad de hablar, de expresarse bien, de sacar todo lo que tiene dentro, déjalo terminar y así se sentirá mejor.

- Busca áreas de acuerdo. Seguro que de todo lo que te ha soltado hay cosas en que coincidís, dilo, sé sincero.

- Tienes que ser honrado. Trata de buscar los puntos donde crees que él tiene razón y tú no. Admite tu error y díselo. Esto disminuirá la actitud defensiva de tu oponente.

- Ponte en su punto de vista. Tienes que tratar de ponerte en la piel de la otra persona, así podrás entender mejor cómo piensa, saber por qué dice eso y lo más importante, quizás descubras que estás cometiendo algún otro error.

- Trata de agradecer algo. Cuando haces esto de forma sincera, tu oponente no tiene otra que sentirse bien y verte, un poco más, como un amigo.

- Da más tiempo. No trates de terminar con algo que rompa por completo los esquemas del otro. Añade simplemente un punto de vista. ¿Y si...? Y ofrece tiempo; "Bueno le damos vueltas, lo pensamos mejor y más tarde u otro día seguimos hablando".

En conclusión, no hay verdad absoluta en una discusión. Si los dos os ponéis en el punto de vista del otro, seréis más felices y el acuerdo de venta o amistad fluirá.

No empieces nunca una frase anunciando que vas a demostrar tal y tal cosa, eso equivale a decir a la otra persona que tú eres más listo que ella.
Tienes que tratar de enseñar como si no enseñaras, quitando el "pero" de tus frases y diciendo cosas como: "Quizás me equivoqué", "¿Y también podría funcionar así no?".

Si juzgas a la gente que sea por sus principios, no por los tuyos.

"Peleando no se consigue jamás lo suficiente, pero cediendo se consigue más de lo que se espera".

—PROVERBIO CHINO—

El sol puede hacernos quitar la capa más rápidamente que el viento; y la bondad, la amabilidad, y la apreciación para con el prójimo puede hacerle cambiar la idea más velozmente que toda la cólera y amenazas del mundo.

"Se atrapan más moscas con una gota de miel que con un barril de hiel".

—LINCOLN—

Cuando estés en una conversación o alguna discusión trata de hacer algo o decir algo para que la otra persona diga sí desde el principio. Evita, si es posible, que diga la palabra no. Esto creará un mejor ambiente en vuestro diálogo que te beneficiará mucho.

"Quien pisa con suavidad va lejos".

—PROVERBIO CHINO—

Es curioso como muchos vendedores se piensan que hablando mucho y poniendo la cabeza como un "bombo" a la gente van a vender más. Y es todo lo contrario. De lo que se trata es de hacer preguntas y escuchar, así aprenderás a decir lo necesario en función a cómo piensa el cliente.

Fíjate que cuando nuestros amigos nos superan, tienen sensación de importancia; pero cuando los superamos, se sienten inferiores y ello despierta su envidia y sus celos.

Por tanto, es mejor pedir que compartan sus alegrías con nosotros y solo mencionar mis logros cuando ellos me preguntan.

A continuación, te diré una frase mágica para que tu amigo que te cuenta las penas, en vez de decirte... "Es que tú no me entiendes"; te diga... "Eres un gran amigo".
"Si yo estuviera en tu lugar, no hay duda de que me sentiría igual que tú".

Qué increíble como el niño muestra a todos el daño que se ha hecho, o puede llegar a cortarse o darse un golpe a fin de que todos lo compadezcan. Los perros hacen lo mismo cuando no se les presta atención, sobre todo si hay visita. Pueden orinar en sitios donde no lo hacían o romper algo... Con el mismo fin, los adultos muestran sus cicatrices, relatan sus accidentes, enfermedades, especialmente los detalles de sus operaciones quirúrgicas. Practican la autocompasión.

Imagina que estás en un dentista y te tiene que quitar unas muelas. La misión es quitarte las muelas por tu propio bien y es algo que, aunque sea necesario te va a doler. ¿Qué es lo que hace el dentista para evitar que te duela mucho? Pone anestesia, es lo primero que hace.

Lo mismo tienes que hacer tú. Antes de nada, elogia y aprecia a la persona de forma sincera. Hay una gran diferencia en su comportamiento para todo lo que le dirás después.

Ya es hora de que pongas más "y" a tus frases y quites el puto "pero". Muchas personas, si les dicen cualquier cosa, tienen que saltar todo el tiempo con el "pero". "¿Pero no crees que esto sería mejor así?", "Pero no sé yo", "Pero esto ya lo sé yo..." Etcétera.

Trata de cambiar siempre el "pero" por el "y" y verás como no rompes el precioso orgullo de tu interlocutor y así te pondrá mejores caras. "¿Y esto no crees que también podría ser así?" Date cuenta en esta frase que acabo de escribir. El "y", hace que sea una añadidura a lo que la otra persona acaba de decir, no le estoy pisando su preciosa frase y además el "podría", pide la opinión a la otra persona, dándole importancia a la otra persona y no diciendo que yo sé mucho, pudiendo infravalorar su autoestima.

También hay algo que he practicado y tiene unos resultados increíbles. Por ejemplo, si alguien un día tiene que hacer alguna tarea como, por ejemplo, limpiar; dile lo bien que lo ha hecho, aunque te esperases más y verás como a la próxima limpia con más alegría y con mejores resultados. En cambio, critica lo mal que lo ha hecho y verás todo lo contrario.

Si no te queda más remedio que decir algo que han hecho mal; habla primero de tus errores. Esto es un truco increíble. Si tú te sinceras y hablas de tus propios errores, el resto ve tu humildad y son capaces de digerir mucho mejor una crítica.

También hay que tener en cuenta una cosa. A nadie le gusta recibir órdenes. Es mejor dar sugerencias o preguntas, nunca órdenes. Una técnica así, facilita a cualquiera la corrección de sus errores. Una técnica así, salva el orgullo de cada uno y le da una sensación de importancia. Le hace querer cooperar en lugar de rebelarse.

Recuerda que un perro es mucho más fácil de enseñar con golosinas y premios que con castigos. De igual manera funciona el ser humano. A todos nosotros nos encantan los elogios, que nos digan lo bien que hemos hecho algo, eso nos ensalza, nos da prestigio, nos hace sentir importantes y estar más a gusto con nosotros mismos. Pues entonces, elogia más a la gente y verás resultados increíbles. Eso sí, el elogio tiene que ser específico. Cuanto más específico sea, más sincero lo recibirán y mejor se sentirán.

"Asume una virtud si no la tienes".

—SHAKESPEARE—

Y puede ser bueno asumir y afirmar abiertamente que otras personas tienen la virtud que tú quieres que desarrollen. Dales una reputación a la que hacer honor y harán esfuerzos prodigiosos antes que decepcionarte.

Diferentes personalidades

Cada persona es un mundo. Esta frase la hemos escuchado muchísimo y es toda una verdad o no. Me explico, si analizamos el ser humano en cuanto a instintos básicos, a nuestro subconsciente o nuestro cerebro reptil; nos damos cuenta que, prácticamente, todos somos iguales.

Si analizamos los detalles que hacemos día a día, cómo pensamos, cómo gestionamos los estímulos o emociones, nuestros gustos, nuestra manera de ver la vida o de comportarnos ante situaciones determinadas... entonces vemos que cada persona es un mundo.

Generalmente, tenemos tendencia a decir cosas como: "Esa persona me cae mal, piensa muy diferente a mí, no la quiero cerca de mi vida, qué horror, me voy de aquí". Por una parte te diría: "Vale, tienes razón, es alguien tóxico, mejor huye". Pero, por otra parte te diría: "¿Y si eres tú la persona tóxica y no lo ves o no lo quieres admitir?".

Aparte de si eres tú el tóxico o no, decirte que estar en situaciones incómodas, muchas veces puede ser un gran aprendizaje para ti. En mi vida me he encontrado personas que me han puesto a prueba, que me han sacado de mis casillas, que me han hecho esperar mucho tiempo, que no han cumplido su palabra, que han sido muy prepotentes, etc. Todas estas personas han hecho que yo entrene mi carácter, lo han reforzado, me han ayudado a saber gestionar mejor y ser más fuerte. Por eso, antes de criticar, mírate a ti mismo; y antes de huir por alguien que crees que es muy tóxico, mira que no sea que no te soportas a ti mismo.

Hay muchas formas de agrupar a las personas; algunos son muy directos y lanzados, algunos son muy retraídos y tranquilos, algunos son más optimistas o pesimistas, algunos piensan mucho y se mueven poco o algunos no piensan casi y se lanzan al momento.

No hay buenos ni malos. Tu verdad para otro podría ser su mentira. Por eso, tienes que darte cuenta que hay muchas maneras de pensar y de actuar, y que los demás no lo hagan como tú, no quiere decir que esté mal y tengas que huir, quizás tengas que quedarte y aprender otro punto de vista que te complete más y te haga crecer como ser humano.

¿Qué es mejor, pensar poco y actuar rápido o pensar mucho y actuar lento? Ninguna de las dos cosas es mejor. Lo mejor es serlo todo, combinar, saber actuar de diferentes formas en las diferentes situaciones.

El que no piensa tanto, pero es rápido, es obvio que se mueve antes pero también rompe más cosas que le retrasan para llegar a la meta. En cambio, el que piensa mucho y se mueve más lento, es obvio que tarda en avanzar, pero rompe o estropea muy pocas cosas y no tiene tantos parones por el camino. Al final, los dos llegan al mismo tiempo. Por eso, ninguna de las dos cosas está mal.

También hay personas más autoritarias que les gusta mandar, dirigir, llevar la sartén por el mango y hay otros que no quieren complicaciones y prefieren ser mandados y no tener tantos quebraderos de cabeza. Todo es respetable y entendible, todo tiene sus ventajas y desventajas en función a tus sueños.

Tienes que entender que lo ideal es ser una combinación de todo. Eso quiere decir que aprendas de los demás, cómo piensan, cómo actúan, no te cierres a una forma de ser y ya. Lo ideal es que intentes nivelar tu vida aprendiendo lo mejor de cada ser humano, de esta forma aprenderás a tratar y saber llevar mucho mejor cualquier tipo de personalidad y obviamente serás mucho más eficiente.

CAPÍTULO SEIS

A un puto metro del oro

"Un poco más de persistencia, un poco más de esfuerzo, y lo que parecía un fracaso sin esperanza puede convertirse en un glorioso éxito".

—ELBERT HUBBARD—

Somos unos malcriados. ¿Por qué? ¡Cuántas cosas hemos empezado y no hemos terminado! Así de claro, la mayoría de padres enseñan a sus hijos a que las cosas se obtienen de manera rápida. Apruebas este examen, te regalo este juego. Vemos que el mundo cada vez se mueve más rápido, tratamos de inventar transportes más rápidos, cadenas de montaje más rápidas, móviles más veloces, nos cuesta ser pacientes, todo lo queremos para ayer.

Ni tú ni tus padres tenéis la culpa de cómo os cría la sociedad, tampoco tenéis culpa de que no queráis avanzar, aprender nuevas cosas y salir de vuestro entorno. Porque en cierta manera, la superación, el hecho de querer ver otros puntos de vista, cosas nuevas... también depende de cómo nos han enseñado. Alguien que es conformista, que le gusta quedarse así como está, en ese nivel que tiene ahora mismo de felicidad; es totalmente respetable. Eso sí, esta persona desconoce que hay niveles de felicidad mayores y que si los prueba no querrá volver a los anteriores. Por eso es bonito avanzar, porque descubres un bienestar que ni podías imaginar pero, sobre todo, porque el caminar, tener problemas y resolverlos es lo que resume esta vida. Si no te mueves, la vida es demasiado aburrida. Un río estancado, se pudre, huele mal y, al final, nadie lo quiere.

Mi querido amigo lector, ¿tú quieres espabilar de una puta vez, sentir una felicidad e ilusión que antes no habías vivido y ver cómo tus sueños se están construyendo? Me imagino que sí. Si no, no sé para qué coño estás leyendo este libro. Culpable serías si me dices que sí quieres mejorar, que sí quieres ver tus sueños hechos realidad, que sabes que hay que luchar y aprender cosas nuevas, pero lo quieres conseguir todo desde tu sofá, haciendo siestas, comiendo guarradas, sin esforzarte, sin leer y aprender cosas nuevas, sabiendo que es vital para el éxito, sin querer hacer todo lo necesario...

En conclusión, tú actualmente, eres lo suficientemente inteligente para saber que si quieres lograr tu propio éxito vas a tener que cambiar tu forma de pensar, eso cambiará tus acciones y tus resultados. Sí, lo primero son tus pensamientos, tu mente. Los resultados que tú tienes ahora, ya sea en el amor, en las finanzas o en lo que te dé la gana; son el resultado de tu nivel de conciencia actual. ¿Quieres más? Aumenta tu nivel de conciencia. ¿Quieres más dinero? Aumenta tu nivel de conciencia. ¿Quieres una pareja estable, un amor muy bonito y real? Aumenta tu nivel de conciencia.

Dicho esto, no eres culpable si llevas toda tu puta vida tratando de buscar oro y picando piedra en la dirección contraria. Así nunca lo ibas a conseguir.

Tampoco eres culpable si, por suerte, picabas piedra en la dirección correcta, pero a un metro del tesoro, de todo el oro; te paras. Sí, te paras porque llevas un año picando piedra y estás hasta los cojones de ver cómo pasan los días, cómo caen las gotas de sudor y no se ve ni una sola pepita de oro.

Eso sí, a partir de ahora ya no te podrás quejar por no tener oro. Porque aquí estás aprendiendo el valor de crecer y de seguir creciendo siempre y esto no solo te permite picar piedra en la dirección correcta, sino que, te enseña que si estás en la dirección adecuada, es cuestión de tiempo llegar al tesoro lleno de oro. ¿Cuánto tiempo? El que haga falta, estás en la dirección correcta, ¿qué más da el tiempo? ¿Es un año? Genial. ¿Son 5 o 10 años? Fabuloso. ¿Es toda la vida? Espectacular, porque la felicidad está en el camino y es por esta puta razón que la gente abandona.

La mayoría de éxitos se consiguen progresivamente, tú te marcas un número y quieres ese número. Pero si no aprendes a disfrutar y saborear números más pequeños, éxitos más pequeños; no podrás alcanzar el mayor, porque no estás disfrutando, te agobiarás, querrás huir y no serás capaz de persistir. Ahí hay un problema de ego, porque quieres saltarte muchas etapas y llegar al final; pero no te lo mereces, tu nivel de conciencia no te permite llegar.

Hay una minoría de éxitos, como encontrar un tesoro lleno de oro, que se logran de golpe. Es obvio que tú quieres el oro. Y si yo te dijera que estarás toda tu puta vida picando piedra y al final no lo vas a conseguir porque te faltaría tiempo, ¿lo harías? Seguro que no. ¿Por qué? Porque tú quieres el oro. ¿Y la felicidad? ¿O es que tu felicidad está en el oro? ¿Tu felicidad está en algo externo? ¿No te bastas a ti mismo para ser feliz? Ahí está el puto problema.

Si tú trabajas toda tu vida por algo y aprendes a ser feliz cada día, sabiendo que estás avanzando y que hay una ilusión, un regalo que quizás conseguirás, la vida es bonita. Y si no lo terminas tú, lo terminará otro, aunque eso no nos importa mucho, estaremos muertos. Pero entiende que, si no luchas por algo, porque piensas que no lo vas a conseguir; no habrá esa ilusión profunda, tus días serán monótonos y así la vida es una mierda. Solo por la felicidad que tienes en tu ilusión día tras día, por esas sonrisas y emociones sanas que desprendes; tú vida tiene sentido y merece la pena luchar.

Lo verdaderamente jodido es que sí tengas tiempo, pero no tengas persistencia. Y después de picar piedra durante muchos años, a un solo puto metro del oro, lo tires todo por la borda y te vayas.

Por tanto, tú no tienes la culpa de cómo te han criado, pero a partir de ahora, con esta información, tú eres el único responsable, tú eres el único culpable de lo que pase con tu vida.

Puede haber muchas situaciones que te impidan avanzar; pues las esquivas, retrocedes para impulsarte, haces malabares, te cambias de país, horas extra, pero haces lo que tengas que hacer. Porque si tú entiendes que tienes que ir creciendo mentalmente día tras día, entenderás que hay que ir rectificando tu manera de picar la piedra y que la paciencia es la madre de todas las ciencias.

Tienes que persistir. Si fuera tan fácil, todo el mundo lo conseguiría, no existiría la palabra éxito. Al fin y al cabo, tienes que destacar, ya sea por tu creatividad, originalidad o por tu persistencia en comparación a los demás. Así es la vida, si haces algo mejor que los demás, estarás en una posición más elevada que el resto. Sí tú te has esforzado más y has hecho algo que la gente valora, eso se vuelve comercial y las personas querrán pagar por ello. De esta manera, tranquilo que a ti no te faltará el dinero. La gente paga si verdaderamente les ayudas.

¿Qué harías por 1.000.000 de dólares o euros?

Sí, tú. ¿Qué estarías dispuesto a hacer por esa cantidad de dinero? Es una cantidad muy grande. Podrías perfectamente invertir y no tener problemas económicos tú y tus descendientes. Serías libre financieramente por el resto de tus días. ¿Qué estarías dispuesto a hacer? La gente haría de todo por esta cantidad de dinero, incluso cosas muy poco éticas.

Imaginemos que yo te pregunto, ¿serías capaz de terminar aquello que empezaste? Imagina por un momento que si tú terminaras algo que hubieras empezado, algo que sabes que es favorable y beneficioso para ti, yo te daría ese 1.000.000

de dólares o euros. Imagina que firmamos un contrato donde especifique, por ejemplo, que tú si te sacas, por fin, el carnet de conducir; yo José Montañez te ingreso en tu cuenta un millón. Así de fácil. Tú terminas algo que empezaste y yo te doy un millón. ¿Lo harías? Creo que lo harías antes de lo que canta un gallo. Lo harías muy rápido, lo antes posible, te esforzarías como nunca y lo lograrías en el menor tiempo. Entonces, poder puedes. ¿Por qué no lo has hecho ya?

Imagina que estás en esa mina picando piedra y solo te falta ese metro para llegar a tu tesoro, pero estás harto, llevas mucho tiempo y estás agotado, frustrado y quieres dejarlo ya. Ahora vengo yo y te digo continúa un año más. Va, seguro que en un año el tesoro ha aparecido. Y tú me dirías; pero si llevo ya muchos años, muchísimos días, he perdido toda esperanza. ¿Y si firmamos un contrato, donde diga que te doy el millón si continúas picando un año más? Pues entonces lo harías y en poco tiempo encontrarías el tesoro. Date cuenta que persistencia te sobra, pero te falta la visión, la ilusión, tener el sueño ardiente. Cuando uno encuentra la visión de su vida, aparta muchas mierdas, inclusive su orgullo y tira hacia adelante.

En este caso tu ilusión sería ese millón. Más concretamente, lo que te ilusiona es lo que el dinero te ofrece, o lo que piensas que te ofrece. Verías tu libertad y una infinidad de posibilidades. Desde pequeños hemos visto que hay que luchar para conseguir dinero y tener una gran vida y el puto problema para muchos es que, de manera inconsciente, el conseguir dinero, se convierte en tu motor, en tu sentido de vida. Si hay un sueldo de por medio, eres capaz de aguantar todo un mes picando piedra, si no, no.

Todo tiene un precio en esta vida. Si hay algo que a ti te motiva mucho, algo que te vuelve loco, te dará igual que no te regale el millón por realizar esa actividad, pongamos como ejemplo el tenis. ¿Por qué te dará igual? Pues porque no necesitas beneficio económico para jugar al tenis, solo el hecho de jugar te produce placer, felicidad y no necesitas más. En este caso, el tenis tiene un valor muy grande y no necesitas beneficio para practicarlo. El valor es tan grande que te da igual no recibir dinero, sino que eres capaz de pagar por practicar.

Imaginemos que te propongo participar en un triatlón y hacer buenos tiempos. Un triatlón es un deporte olímpico que consiste en realizar 3 disciplinas deportivas; natación, ciclismo y carrera a pie. Me dirás, "sí hombre, ahora voy a participar yo en un triatlón, estás loco". Imaginemos que te doy el contrato firmado donde te doy el millón de dólares o euros si participas y haces buenos tiempos el año que viene. Me dirías, ¿por dónde empiezo?, ¿cuándo puedo empezar?

En el caso de que para ti el triatlón no sea una pasión, no te prepares para ello ni participes; ¿por qué por un millón sí lo harías? Muy sencillo, el precio de lo que yo te estoy ofreciendo por hacer esta actividad es muchísimo mayor de lo que tú esperas. Seguramente, también lo harías por 50.000 dólares o euros, ¿verdad?

Imagina que es tarde, estás ya en pijama a punto de irte a la cama; y te digo, ¿te atreves a cambiarte de ropa, salir ahora a la calle y correr 1 hora sin parar por 1 centavo o céntimo? Creo que me mandarías a la mierda. ¿Y por 1.000 dólares o euros? Mmm... la cosa cambia.

Imaginemos que aún te queda pendiente sacarte el carnet de conducir, un curso, tu carrera, llegar a un objetivo en tu trabajo, subir el Everest, perdonar a un familiar o alcanzar un nuevo rango en tu negocio. Imagina cosas similares que te gustaría alcanzar. Son cosas que sabes que sería bueno que lo lograras, sería algo bueno para tu vida. ¿Y por qué no las terminas? Sabes que por mucho dinero sí lo harías, entonces sí que puedes, pero no quieres.

Atento que te lo voy a decir muy claro. Si algo no lo quieres terminar, es porque no le das el suficiente valor. Si le dieras mucho valor, lo harías, independientemente si hay beneficio o no. Es por eso que te puedes tragar películas o series enteras, engancharte a juegos, etc.

También hay cosas que le das valor; como terminar el carnet de conducir o los estudios, pero no es suficiente. Como no le das suficiente valor, necesitas otra motivación externa que no sea la propia actividad. Y aquí entra el juego del dinero, del salario y de tener un trabajo como la mayoría de personas. ¿Serías capaz de seguir con tu trabajo si no te pagaran nada a final de mes? Pues eso. Si has dicho que sí, analiza, piensa un poco más y a ver con qué vas a mantenerte.

¿Qué pasa con tus sueños? Por una parte, que no estás soñando de verdad. Si soñaras como un loco, estarías lleno de energía y no pararías de construirlos con una buena sonrisa, independientemente del tiempo que hiciera falta.
El problema es que te importa demasiado el resultado, pierdes la ilusión cuando te tropiezas por el camino y te haces un par de rasguños, dejas de ser feliz en el camino, pierdes la fe por el tesoro y todo se va a la mierda.

Si vengo yo con una garantía de un millón, sí lo haces. Entonces, tu puto problema es que no te lo crees, no tienes fe. Si tuvieras la suficiente fe, trabajaras tus pensamientos para imaginarte cada vez más tus sueños hechos realidad, le darías mucha más importancia al "porqué" que al "cómo".

El "porqué" es la verdadera razón de porqué quieres construir tus sueños. Es lo más importante, es tu motor, tu razón, tu valor máximo. El "cómo" ya lo irás viendo por el camino. La gente se preocupa demasiado en el "cómo" y se olvida de reforzar el "porqué"; entonces se pierde la ilusión, la fe, y si encima te das unas cuentas hostias, lo cual es normal, pues a la mierda otra vez.

Querido amigo lector, tú puedes hacer tus sueños realidad. Persistencia te sobra, si no lo has logrado es porque no quieres. Tan solo tienes que tener una razón ardiente y unos pensamientos sanos y constantes que refuercen tu fe. De esta manera, el millón no te hará falta, lo que ganarás será muchísimo mayor, no solo económicamente.

¡Espabila amigo! Acabas de leer la palabra de activación. ¡Hazlo! No puedes permitirte el lujo de no hacerlo. Hay que pagar el precio. Si no pagas el precio, no podrás tener tus sueños en la palma de tu mano.

Antes de rendirte...

¿Qué esperabas que todo fuera a ser de color de rosas? Tu camino al éxito, es un proceso que te está puliendo, no será igual de perfecto como lo imaginabas. Tu mente en cada paso lo ve distinto, estás creciendo y avanzando.

Siempre habrá desafíos, obstáculos y situaciones que estén lejos de ser perfectas. ¿Y qué? Esta es la vida, ahí está la gracia, empieza ahora e irás escalando posiciones día a día.

Si no haces nada, cuando pase un tiempo pensarás en todos los días perdidos y te derrumbarás pensado dónde podrías estar ahora.

Piensa que con cada paso que des te harás más y más fuerte, adquirirás más y más habilidades, te sentirás más y más seguro, y serás más y más exitoso.

Recuerda esto: en todo momento estamos acercándonos o alejándonos de nuestros objetivos. Cada día es nuestra oportunidad. Cada día tenemos que poner el ladrillo de la mejor forma posible sin pensar en todos los putos ladrillos que tendrá la casa de nuestros sueños. ¿Qué más da que tardes 20 años? Lo importante es que disfrutes poniendo cada ladrillo. ¡Joder! Es que, ¿qué es lo que quieres? ¿Magia? ¿Que la casa se construya en un segundo con un chasquido de dedos? El mañana te tiene que resbalar y el ayer aún más. Hoy es el día más importante de tu vida. ¡Espabila ahora!

El conocimiento es importante, la habilidad es importante, pero lo que va a multiplicar a tu vida es la actitud. Tienes que tener actitud para querer cambiar, hacer cosas nuevas, cosas mágicas que te permitan volar y cumplir tus más íntimos deseos. Recuerda, un 10 por ciento de tu actitud depende de lo que la vida te ofrece y un 90 por ciento de la manera en que eliges reaccionar. No esperes que las cosas ocurran; haz que ocurran.

Aunque tengas miedo, hazlo con miedo. Merece la pena cagarla, pero estar orgulloso de tu valentía, que estar en el sofá cagado de miedo y pensando: "que hubiera pasado si lo hubiera logrado". Aunque lo hagas mal, ganas experiencia y a la próxima, puede ser la vencida.

Recuerda que tú eres el único que pone límites a tu mente y que no se trata de ver para creer, sino de creer para poder ver. ¡Tus sueños son más que posibles! Muchos exitosos pensaban que no lo lograrían al igual que tú. Tienes que pasar por ese proceso hoy, mañana o cuando te dé la gana.

¿Qué es lo peor que te podría pasar? ¡Nada! De peor nada. Siempre vas a aprender y eso es magnífico para tu vida. No te mientas, cuidado con tu mente. Sí, este es el mejor momento. O pones miles de excusas o pones miles de soluciones.

No te rindas. Tu sueño es una realidad que te está esperando. El oro está a menos de un metro de donde te encuentras. Evita boicotearte mentalmente y hacerte la víctima. Hagas lo que hagas, sigue picando. ¡Espabila!

CAPÍTULO SIETE

El ego es invencible

"El virus más fuerte que puede existir en el mundo es la ignorancia del ser humano".

—ANÓNIMO—

Cuando estaba escribiendo este libro, una pandemia afectaba a todo el planeta, infectando vidas de personas, trayéndoles problemas, incluso la muerte. Estoy hablando del Covid 19, un virus que ha hecho cambiar el estilo de vida de toda la población terrestre.

En el siglo XIV hubo una pandemia mucho más devastadora, la peste negra. Causó mucho más sufrimiento, mucha más agonía y mucha más psicosis. Entre 75 y 200 millones de personas perdieron la vida, equivalente al 30-60% de la población de Europa.

Me gustaría que volvieras a leer la frase del principio del capítulo. En efecto, hay un virus mucho más devastador, y es la ignorancia. Se contagia de generación en generación y una vez infectado es muy difícil curarse, pero no imposible.

"La verdadera ignorancia no es la ausencia de conocimientos, sino el hecho de rehusarse a adquirirlos".

—KARL POPPER—

Es un veneno que se extiende por todo tu cuerpo y no te deja crecer, querer aprender y superarte a ti mismo, hace que limites tu vida, que no tengas ambiciones, que seas un gran conformista y te conviertas en un producto terminado.

Lo que más abunda en este tipo de personas es el ego, el ego que corrompe las vidas, no crean nada en beneficio a los otros, no se fijan en el ser humano mas que para herir y elevar su pobre autoestima, y quien peor sale parado de todo esto es el Planeta Tierra, donde cada día está más contaminado.

Puede que, en este libro, u otros libros del mismo estilo, haya cosas muy interesantes, muy bonitas, muy útiles; pero ten en cuenta, que aquí lo único que estás haciendo es hablar contigo mismo. Tú estás leyendo, tu mente habla, tú estás escuchando y procesando todo.

Lo que estás haciendo mi querido amigo lector, es crear tu propio antídoto y muchas vacunas que te irás poniendo allá por donde pases en la vida. Te felicito muchísimo por ello. ¡Vales demasiado!

Puto ego

Sí, el ego es más puto que las gallinas. Ha hecho mucho daño y lo seguirá haciendo.

¿Qué es el ego? El ego es el "yo", la necesidad de todo. El ego es tu mayor enemigo, es la fuente de tu sufrimiento, es creer que tú eres mejor que los demás.

El ego hace que tu vida sea una auténtica mentira. Las personas que viven dominadas por el ego se creen superiores y no ven bien la realidad. La mayoría de pensamientos se enfocan en cómo me gustaría ser, en vez de como soy yo en realidad.

El ego es una máscara, una pantalla, es una obra de teatro de cara a la sociedad. Cada vez necesitas más halagos, más aprobación, tener más control de las situaciones y de las personas, tener más poder; y así, te vas alejando, cada día más, de quien eres en realidad.

Este personaje que has creado, necesita alimentar su falsa autoestima a diario. Así, nadie verá que en lo más profundo de tu ser hay mucho temor, nadie verá tu gran inseguridad. El ego necesita, constantemente, que te creas superior a los demás para disimular tu verdadero sentimiento de inferioridad.

Algo muy curioso es que el ego es una de las razones principales por las cuales no puedes cumplir tus sueños. El ego te paraliza, provoca que no tengas iniciativa para avanzar por miedo a fracasar. Tu ego está acostumbrado a alimentar el falso "yo" con halagos y aceptación en una posición cómoda, dentro de tu círculo, tu rutina.

Por ejemplo. ¿Cuántas veces te ha pasado algo interesante y rápidamente se lo has tenido que contar a alguien o publicar algo de manera rápida en alguna red social? Me imagino que muchas. Supongo que también te habrá pasado muchas veces, contarle a un amigo algo interesante o algo nuevo que has hecho y tu amigo rápidamente saltar a contarte algo igual, casi sin dejarte terminar, algo que demuestra que él también es interesante, que vale, igual o más que tú, y que nadie se le va a poner por encima.

Por ejemplo, cuando uno sube una publicación a las redes sociales con su plato de comida, ¿cuál es el trasfondo? ¿Por qué lo hace? Te lo explico. No te bastas contigo mismo. No eres lo suficientemente feliz comiéndote el plato tú solo. Eres capaz de dejar que el plato se enfríe con tal de que la foto quede perfecta. Querido amigo, en ese momento estás buscando aprobación. Sí, y no solo con la comida. Buscas aprobación con todo tipo de cosas; ropa, viajes, amigos, tu crecimiento personal, familia, etc.

Imagina que te pasa algo muy bueno o logras algo que te da emoción y felicidad. ¿Serías capaz de disfrutar tú solo el momento sin compartirlo rápidamente con los demás? ¿Crees que te bastarías contigo mismo para saborear esa felicidad? ¿De verdad? ¿Serías capaz de hacerlo? Ponte a prueba la próxima vez. Esto es igual como el que dice que va a dejar de fumar y lleva muchos años diciendo lo mismo. ¿Serías capaz de ir al cine a ver una película sin tus amigos? Quizás, ¿serías capaz de ir a un buen restaurante a cenar tú solo, cuando la mayoría de personas que acuden a esos restaurantes van con sus amigos y familiares? Aprender a no depender de los demás para tu felicidad no es una tarea fácil, pero es algo que te ayudará a crecer mucho a nivel personal, valorar y disfrutar mucho más cuando estés en compañía. Como mínimo, quiero que lo pienses, seas consciente y así, poco a poco, irás reduciendo los reclamos de aprobación.

¿Has escuchado esta frase? Más vale malo conocido que bueno por conocer. ¿Y esta? Más vale pájaro en mano que ciento volando. Si fuera por estas frases, no vivirías tal y como vives ahora. No habría tantos avances, tantos inventos y cosas magníficas. Nadie saldría de su zona de confort. Nadie arriesgaría todo, nadie se dejaría el alma por crear cosas increíbles de las cuales tú te aprovechas.

Tu ego no quiere probar sitios nuevos por miedo a ser rechazado y que descubran su tapadera, donde se esconde el verdadero "yo". Alguien que tiene una autoestima verdadera no tiene miedo a cambiar, avanzar y fracasar; porque las desaprobaciones de los demás las acepta, aprende de ellas y no le molestan. Según el ego, tu identidad depende de lo que los demás piensen de ti. Según una autoestima sana; tú mismo sabes quién eres, hacia dónde vas y eso es algo que no se puede robar.

Imagina que la tía de un amigo tuyo, la cual conoces apenas, está enferma. Tú te acuerdas, llamas a tu amigo y le dices: "¿Cómo está tu tía?"

Ahora te pregunto yo a ti. ¿Verdaderamente te importa mucho la tía de tu amigo? Te voy a responder de manera suave. Su tía te importa una puta mierda. Es la verdad. Entonces, ¿la llamada la hago por mi amigo? Sinceramente, tu amigo te importa una mierda.

Quiero amigo lector, sé que esto choca, pero déjame explicártelo. Esto no quiere decir que tú no aprecies a su tía y que no quieras mucho a tu amigo. Lo que pasa es que el ego es más puto que las gallinas y trabaja en tu vida de manera inconsciente, sin que tú te des cuenta.

Verdaderamente, a ti lo que te importa es hacer la llamada para ser un buen amigo y eso permite que tú te sientas mejor contigo mismo. Por tanto, te importa tu propio bienestar.

Cuando una persona no alimenta el personaje que se ha inventado, su falso "yo"; se siente mal y empieza a experimentar todo tipo de sensaciones negativas, como la rabia, frustración, tristeza, miedo, timidez, impotencia...
Es en este momento donde a la persona se le cae la máscara y se da cuenta, por un momento, de quién es en realidad. Entonces, experimenta sensaciones negativas aún más fuertes y lo único que le queda es hacer daño a los demás.

A continuación, estas personas desnudas ante un espejo, viendo su propia realidad, lo único que tratan de hacer es hundir a los demás. Hacen sentir mal a los demás para que se pongan en una posición inferior a ellos mismos; que estén más tristes, confundidos, decepcionados y desanimados. De esta manera, ellos se ven superiores y se sienten un poco mejor. Obviamente, por poco tiempo; esto es construir sobre la arena.

Estas amistades son muy tóxicas y nos pueden arruinar nuestros sueños perfectamente. Son muy tácticos, muy astutos y buenos actores. No pararán hasta robarte la alegría y para ello te agredirán, ya sea verbal o físicamente. ¡Huye de este tipo de personas!

Bien, todos tenemos ego. Normalmente, las personas que más ego tienen son las que dicen: "Que va, yo no tengo nada de ego". Todos tenemos ego. ¿Y de qué depende que haya personas con más o menos ego? De la humildad que tengan.

Otro puto problema de la sociedad, especialmente los que tienen mucho ego, es que tratan de luchar contra el ego. Lo cual es absurdo, porque el ego es invencible, no se puede destruir, es algo que forma parte de nosotros, está dentro de nosotros y no se irá hasta que muramos.

Estas personas llenas de ego, tarde o temprano se dan cuenta, ya que pierden a muchos amigos por el camino. Quiero que quede muy claro que la falta de amigos, en la mayoría de los casos, es más por falta de habilidades sociales que por tener exceso de ego. De lo cual hemos hablado en el capítulo 5.

Bien, luchar contra el ego es luchar contra ti mismo, es como tratar de no tener pensamientos dentro de ti. No es posible. Entonces, ¿qué hago para no ser un egoísta de mierda? Muy sencillo: la humildad.

Mira, tu vida, más concretamente tu cerebro; es como un recipiente donde hay cosas dentro. Si eres una persona muy egoísta, lo que más abunda es el ego. Hay ego por todos lados. Imagina que tu cerebro es como una pecera, con un agujero de entrada y uno de salida. Tú solo puedes meter cosas. Claro, si estás lleno de ego y quitas todo el ego, ¿qué te queda? Nada. Repito, el día que no tengamos nada de ego, será el día que no estemos en esta Tierra. Por tanto, cuando tu metes cosas en tu pecera, lo que ocurre es que, por el otro orificio, salen cosas que ya estaban.

Creo que lo has entendido. Si metes humildad en tu pecera, automáticamente, la cantidad de ego que hay, va disminuyendo, va saliendo por el otro orificio.

Esto quiere decir, que cuanto más practiques la humildad junto con el amor; el ego en tu vida, va disminuyendo. Es de cajón, uno no puede querer estar en París y en Buenos Aires a la vez. Cuanto más te acercas a una ciudad, más te alejas de la otra.

Una persona humilde es aquella que está en una habitación y se imagina que es la persona menos importante de la sala, la que más tiene que aprender. Independientemente de si ha leído muchos libros, ha hecho muchas cosas en la vida, o ha estado en muchos sitios.

Si tú quieres ser más humilde, tienes que dejar que el resto confronten tus pensamientos, atreverte a ver otros puntos de vista y aprender lo mejor de cada uno. En verdad, todos son mejor que tú en algo. Deja que tus resultados hablen por ti mismo.

La mayoría de personas con mucho ego, creen que tienen algo especial y que con eso van a arrasar. Es una ilusión que te mantiene vivo y está bien. Piensan que son unos genios en algo o que tienen un don y que pronto llegarán a ser muy exitosos. También esperan a ver si un famoso los ve y los recomienda, entonces sí lograrían el éxito mucho antes. No digo que esté mal pensar así, pero, al fin y al cabo, es una ilusión, eso no existe.

Lo que te conviene, si quieres ser más humilde, es estar pensando que tu éxito llegará después de muchísimas horas invertidas en lo que te gusta, de muchísimas rectificaciones en el camino que tenías planeado, de muchísimas veces que te vas a tener que levantar tras tus caídas, que serán muchas más de las que pensabas. De esta manera, estás preparado para lo que viene y será más difícil que te rindas. Y tú sabes muy bien, que quien no se rinde; tarde o temprano, logra cosas increíbles.

Gente horriblemente tóxica

Todo lo que no suma, resta. Por tanto, aportas o apartas. Como ya hemos visto, las personas llenas de ego pueden ser muy tóxicas para tu vida. Es obvio que, si te relacionas con personas tóxicas y/o llenas de ego, no se te hará fácil practicar la humildad.

Tú, eres como una esponja que absorbe información y es muy fácil que te laven el cerebro, para bien o para mal. Por muy fuerte que estés mentalmente, estar rodeado de personas que te complican la vida; quieras o no, te afecta. Sí, tú no te das cuenta, pero afecta. Te puede desmotivar o simplemente desconcentrar, pero afecta. Por tanto, mira muy bien tu círculo de amigos y con las personas que pases más tiempo, porque ellas son decisivas para ayudarte a cumplir tus sueños o destrozarte la vida.

"Podemos tener éxito y crearnos enemigos o también no tener éxito y conservar a los amigos.
Es una decisión que tú debes tomar".

—ANÓNIMO—

Vamos a hablar a continuación de diferentes tipos de personas tóxicas que debes apartar de tu vida:

- Las personas que continuamente están con la culpa en la boca y te culpan a ti de todo. Este tipo de personas, quieren echarte el muerto a ti, que tú te hagas responsable de sus problemas, así te hunden a ti y ellos se sienten mejor.

- Las personas envidiosas anhelan lo que tú tienes. Quieren estar en tu misma circunstancia. Estas personas siempre están insatisfechas, con la queja en la boca, piensan que nunca tendrán lo que el otro posee y que es algo que necesitan para ser felices y complementar su autoestima pobre y lastimada.

- Las personas que, a pesar de sus buenas palabras, siempre nos tratan de tirar por tierra nuestros logros, avances, premios, ideas, etc. Nos descalifican toda buena obra con algún comentario absurdo pero hiriente, con tal de hundir nuestra autoestima y así ellos poder brillar. Son personas que están muy rotas por dentro y nunca se sacian de hacer lo mismo. Por ejemplo, cuando te sueltan comentarios como: "¿Cómo has podido fallar?", "¡Qué tonto eres, era muy obvio!". Son comentarios simples, pero los dicen de tal forma que descalifican. Su intención, por poca que sea, es hacer daño.

- Las personas verbalmente agresivas, normalmente, nos pillan por sorpresa. Son personas complicadas, que posiblemente lo han pasado muy mal, y lanzan contestaciones secas, directas e hirientes. Ante estas situaciones, en la mayoría de las ocasiones, no sabes qué hacer ni qué decir, porque nos pilla por sorpresa y nos ponemos nerviosos. Seguro que ya has pensado en alguien y has recordado alguna situación. Su objetivo será despertar el temor y el miedo en los otros, asegurándose así, poder y autoridad. Todo esto refleja su propia inseguridad. Trata de respirar hondo, hablar relajadamente, no poner leña al fuego y alejarte, lo antes posible, de estas personas.

- Los falsos son personas que usan máscaras de poder, superioridad o victimismo. Estas personas, tarde o temprano, te das cuenta de cómo son en realidad. Son personas que hasta que no rompan sus máscaras, salgan de su personaje, su película y empiecen a trabajar en su vida, no serán felices nunca.

- Hay personas que tienen una mente muy psicópata. No estoy hablando de asesinos en serie. Son personas especialistas en la mentira y en los engaños, y tienen como fin traicionarte y arruinar tu vida. Son personas con gran capacidad para cambiar de aspecto y actitud, adaptándose a la situación que más les convenga.

- Aparta a los mediocres de tu vida si no quieres ser uno de ellos. Nos han criado de la forma siguiente: "Cariño estudia, ten un trabajito y te quedas toda la vida haciendo rica a una persona que ya es demasiado rica". Repito no tienes la culpa de cómo te han criado, pero, a partir de ahora, eres el único responsable del camino que escojas. Si te quejas, que sea porque estás luchando hacia tus sueños y no por tu cobardía de no haber hecho lo que realmente querías.

- Las personas chismosas que están todo el santo día criticando y hablando mal de los demás. Los chismes rompen familias enteras, peleas, rivalidades... El chisme o rumor es una información no veraz pero que nos gusta escuchar, porque seduce, nos intriga y nos fascina. El que vende estas habladurías es tan culpable como el que las compra, sí el que las escucha. Ten valor y a esa persona que no para de soltar chismes y hablar mal de los otros, dile: "Mira, como yo eso no sé si es verdad, paso de escuchar esas cosas. Y, además, ¿no crees que deberías de decírselo al responsable directamente?".

- Las personas demasiado autoritarias o mandonas, son personas que tienen miedo a que descubras quienes son en realidad. Es una mezcla del agresivo verbalmente. Son personas que te ponen en tensión y no te provocan sonrisas y que estés a gusto en tu día.

- Los neuróticos son personas que tienen mucha angustia, mucha preocupación, ansiedad, inseguridad, son personas muy alteradas, se preocupan mucho por lo que dicen y hacen y por lo que no dicen y no hacen. Son personas que nos transmiten mucha tensión y no nos dejan concentrarnos en el presente. La mayoría se comportan así porque tienen necesidad de amor, de

ser aceptados, de reconocimiento, de liderazgo, de
independencia, perfección...

- Los manipuladores estudian a las personas en busca
  de vulnerabilidad, de su debilidad. El manipulador
  te destruirá emocionalmente y tenerte en ese juego
  a él le da sentido de importancia, de superioridad.
  Te acosará moralmente o te maltratará verbalmente.
  El manipulador vendrá primero con palabras
  seductoras, pero lentamente te irá pisando y te hará
  sentir culpable si perdéis la amistad.

- Hay personas que están todo el santo día
  quejándose, buscan cualquier cosa para quejarse a
  alguien. Piensan que, de esa manera, el problema se
  solucionará o que vendrá alguien a solucionar sus
  problemas, pero no. Son personas que te agotan
  mentalmente y provocan que no seas productivo. A
  estas personas les podrías decir: "Si tiene remedio,
  ¿por qué te quejas? Si no tiene remedio, ¿por qué te
  quejas?".

Siempre vas a estar tratando con personas tóxicas y sobre
todo cuando luches por tus sueños. Por lo general, si estás
haciendo algo bien, aparecerá gente que reaccione de
manera negativa. Y si nadie te critica, lo más probable es
que no estés esforzándote lo suficiente. Simplemente les da
miedo perderte, perder esa amistad, su propio bienestar.
También les haces ver su propia ignorancia, pereza, falta de
fuerza, persistencia, ilusión... Pues que trabajen sus egos
añadiendo humildad, pero tú, aléjate de las personas
tóxicas.

CAPÍTULO OCHO

Todos vamos a morir

"La muerte es más universal que la vida. Todos morimos, pero no todos vivimos".

—ANDREW SACHS—

Lo más triste no es la muerte mi querido amigo lector. Lo más triste es una vida sin visión, sin propósito ni ilusión. Hay personas que van por la vida como pollos sin cabeza, se mueven, pero no saben para dónde van, son barcos a la deriva del mar.

Estas vidas, normalmente, se pasan toda su existencia terrenal sin liberarse de verdad, sin soltar todas las cargas y etiquetas que les impone la sociedad, les importa mucho la opinión de los demás, son personas muy frustradas, muy amargadas y que no saben soñar despiertas. Sinceramente, si piensas en una vida así; provoca tristeza. Supongo que tú no quieres ser así, ¿verdad? Este tipo de personas desperdician toda su vida, sí la desperdician porque son unos infelices, unos envidiosos, siempre se están quejando y, normalmente, solo sienten bienestar cuando están dormidos.

Este tipo de personas, en el fondo, les gustaría cambiar, pero su orgullo, no les permite ni escuchar. Estas personas no saben ser un "loco de la vida", no saben lo que es sentir una llama en su interior. Estas personas mueren sin haber vivido.

¿Te ha pasado alguna vez estar en un sueño donde tú eres consciente que estás soñando? Seguro que alguna vez has tenido un sueño donde sí te atreves a hacer cosas que en la vida "real" no te atreves. Te atreves a ser tú, a ser libre, estás más suelto, te expresas mejor, estás más seguro, te atreves a hacer locuras, no tienes miedo, etc.

Son sueños increíbles y en cierta manera es una realidad, son tus pensamientos, es lo que hay dentro de tu mente, pero tú no los dejas fluir por miedo, miedo a la sociedad, a los demás...

Si la gente viera tus sueños, tus pensamientos; destaparían tu vida. ¿Y eso es malo? En absoluto. Cuanto más te liberes, más feliz serás; serás tú en tu esencia, no te refugiarás detrás de una pantalla o de una máscara y aprenderás a que la opinión de la gente irrelevante te importe un pepino o una mierda.

Te pregunto, ¿acaso esta vida no es lo mismo que tus sueños? ¿Acaso esto no es una película que estamos rodando y que un día se acabará? ¿A qué tienes miedo? ¿A nada? ¿Y por qué no lo haces? En esta vida moriremos y desaparecemos o despertamos de un sueño y se nos esfuma toda ilusión. Es lo mismo, el puto problema es que la mayoría de la sociedad no sabe soñar despierta. Y si tú crees que eres un gran soñador, ¿por qué no has cumplido aún tus más grandes sueños? Tienes que mejorar. Aquellos que se profundizan en soñar cuando pasean por las calles son las personas más vivas de la Tierra.

¿Te has dado cuenta que las personas que han estado al borde de la muerte, que han pasado una grave enfermedad, luego son más valientes, tienen menos miedo y son unos locos de la vida? Es normal; cuando uno experimenta que se va a morir, llega un momento que te preparas, que lo aceptas, que sueltas, entiendes que no es una decisión tuya y que es otro paso más en la vida, intentas arreglarlo todo y ser feliz en tus últimos días.

Obviamente, antes de llegar a este punto, hay una negación, no lo quieres aceptar y tienes que pasar un proceso, hay una transición, una lucha y un duelo. Precisamente, la mayoría de personas, se encuentran en este punto. De manera inconsciente, vives con miedo, no eres capaz de aceptar que un día morirás, estás atado y eso no te permite volar. Las personas que de manera forzada se ven ante una situación de vida o muerte, pasan todo el proceso sin apenas darse cuenta y el cambio de vida que hay en ellos es abismal.

¿En qué lugar quieres estar? ¿Con miedo, protegiendo tu vida y encerrado en tu rutina? ¿Aceptando la muerte, siendo un valiente, un innovador, y que aprovecha al máximo sus días volando por todo? Algo que tienes que tener en cuenta, es que nunca se es seguro, no sabemos si vamos a vivir 100 años o a los 10 años, nos va a atropellar un camión. ¿Quién sabe? Lo único seguro que tenemos, y lo que la mayoría no acepta, es la muerte. Que te vas a morir, es algo completamente seguro y real.

Entonces, si te vas a morir y encima no sabes cuándo, ¿por qué no vivir al límite? ¿Por qué no vivir tu vida al máximo, como si hoy fuera el último día? Imagina que fallas, que fracasas o que, incluso, mueres en tu intento al éxito. Bueno es algo que tarde o temprano iba a pasar. Ahora imagina que triunfas, que lo logras y te sientes más vivo que nunca. ¿Ha merecido la pena? ¡Claro coño! La sensación, la emoción y la escala de felicidad que habrás experimentado merecen mucho la pena. Pero, ¿no nos vamos a morir igual? ¿Para qué preocuparse por ser feliz? Porque estas etapas superiores de felicidad hacen que entonces, si es cuestión de elegir mientras vivo; elijo lo mejor, lo que me produce más bienestar. De esta manera, la vida, que sí o sí estamos viviendo y dejaremos de vivir; será mucho más placentera, mucho más confortable, con mucha más paz, más armonía y un bienestar mucho mayor.

Este tipo de personas que eligen lo mejor, son fáciles de reconocer. Uno puede darse cuenta, simplemente, viendo sus caras. Son personas que desprenden felicidad cuando están solos, no se amargan la vida y no hacen un papel delante de los amigos, son así son felices en plenitud.

Aparte, quiero decir, que hay muchísimos estudios que demuestran que este tipo de personas que escogen lo mejor, de manera general; tienen una longevidad mayor, envejecen más lento, tienen menos arrugas, menos enfermedades y más vitalidad. La naturaleza es muy sabia y el premio de la vida siempre lo ofrece a aquellos soñadores que escogen lo mejor.

Aun eres un mortal

¿Crees que eres consciente de que un día vamos a morir? ¿Realmente crees que eres consciente de que un día vamos a desaparecer? Normalmente, es algo que no pensamos, porque nos asusta volver a tener esa sensación de vacío que en ciertos momentos de la vida hemos sentido cuando le damos muchas vueltas.

Seguro que te ha pasado en varias ocasiones, pensar en la muerte cuando te vas a dormir e imaginarte: ¿qué pasaría si no me vuelvo a despertar? ¿Desaparecería para siempre? ¿Ya no estaría aquí nunca más? ¿Y mi familia, mis hijos y mis amigos? ¿Qué harán con mi cuerpo? ¿Todo será oscuro? ¿Qué sentiré si se me para el corazón y dejo de respirar? ¿Nunca más en toda la existencia volveré a estar? ¿Dejaré de existir por toda la eternidad?

Puede que leas esto y ni te inmutes, pero, normalmente, si se profundiza en estas frases, especialmente cuando estás solo, y le das muchas vueltas; sientes un vacío existencial, te ves desnudo en un desierto donde no hay nada más que arena y sientes miedo, desespero, preocupación, falta de comprensión y, rápidamente, quieres salir de ahí, apartar todos esos pensamientos y volver a la "realidad".

La gente sabe que va a morir, pero no es consciente de ello. No es consciente de que un día desaparecerá por siempre y no volverá a existir. Por ahora, es lo que sabemos, nadie ha regresado de los muertos.

La mayoría de personas, en ciertos momentos, piensan que son mortales para así no tener que hacer cosas que conlleven riesgos, que les haga salir de su zona de confort y pasar situaciones incómodas o dolorosas, lo cual es totalmente normal en todo el proceso de transformación al éxito. Piensan así para protegerse contra amenazas y riesgos contra su propia integridad, contra su propia vida.

También, en ciertos momentos, piensan que son inmortales; de esta manera siempre hay tiempo, así puedes ir posponiendo todos tus sueños y, simplemente, centrarte en las cosas fáciles, cómodas, las cosas que no te supongan superarte, cosas que te dan placer en un corto periodo de tiempo. Piensan así para no tener miedo a la muerte, que tarde o temprano, llegará y es inevitable. De esta manera evitan sentir ese vacío que los desconcierta. Como se suele decir: "Ojos que no ven, corazón que no siente". ¡Todo esto es una incongruencia!

Si te fijas, tu mente sabe jugar muy bien y te sabe manipular muy bien. Tu mente es capaz de cambiar de un modo a otro de manera rápida y sin que te des cuenta con una única finalidad: no arriesgarte, no moverte, quedarte donde estás. Y, por último, tampoco eres capaz de pensar en la muerte con mucha profundidad porque te cagas de miedo y sientes vacío existencial.

¿Sería interesante creer que nunca voy a morir? En absoluto. Estás tratando de creer una mentira. Tarde o temprano vas a descubrir la verdad. Y si no te preparas para la verdad y empiezas a actuar conforme a la realidad de que te vas a morir; quizás la vida, un día, te lo haga aprender de golpe y te duela mucho más.

No se trata de que, simplemente, pienses que vas a morir, lo cual es una verdad absoluta. De lo que se trata, es que sueltes tu vida. Tienes que aceptar que la muerte es un proceso natural en tu vida y que un día llegará. Las personas no sueltan su propia vida, viven aferradas a su existencia y cagadas de miedo por si la pierden; la existencia es lo único que tienen, da miedo perder lo único que te queda, desconocen otra cosa.

Si eres capaz de soltar tu vida y vivir como si cada día fuera el último, perderás el miedo ya que no estás aferrado a nada y aprovecharás mucho más tu tiempo ya que eres consciente que eres finito.

Ya sabes lo que hay que hacer, sabes cómo hay que pensar, sabes cómo no hay que pensar para que tu mente no te juegue una mala pasada. Además, en tu interior sabes lo que verdaderamente quieres alcanzar, por eso; ¡espabila!

Al menos tenemos el cielo, ¿no?

Si piensas en el cielo querido amigo lector, lo que estás haciendo es chantajear todo lo anterior. Me explico; imaginemos que tú sí eres capaz de soltar tu vida y vivir como si cada día fuera el último, pero, sí y solo si hay algo más allá después de la muerte. Esa es la condición que muchas personas ponen para soltar esta vida, y si puede ser, que sea un cielo, así nos quedamos más tranquilos.

La pregunta es, ¿el cielo existe? ¿Dios existe? ¿No será, que simplemente, te gustaría que existiera un cielo y un Dios?

Para poder hablar de esto es necesario que recuerdes lo que hemos hablado en el primer capítulo. Tienes que aprender a cuestionar tu verdad, a apartarte de los extremismos y a estar dispuesto a romper toda creencia que tú tengas, sea lo que sea. Tienes que estar dispuesto a ser humilde, querer aprender sin sentirte atacado u ofendido y estar dispuesto a romper tu vida para reconstruirla de nuevo.

Recuerda que tienes que perder el miedo a perderlo todo para poder ganarlo todo. A continuación, pongo de ejemplo la religión cristiana pero estas letras van dirigidas a cualquier religión.

Mira, por un lado, tenemos a esos cristianos súper radicales, súper convencidos que sienten la presencia de Dios y no paran de alabar a su Señor. ¿Qué piensan estas personas de los ateos? Sienten lástima, piensan que son como animales, que no tienen fe, que no se conocen, que están viviendo conforme a sus placeres, a los pecados del mundo y que ojalá un día el Señor los toque.

Por otro lado, tenemos a esos ateos que estudian mucho, se basan únicamente en la ciencia y piensan que esas personas que tienen tanta fe y que se ponen a alabar a Dios; son personas muy ignorantes, con tan poca cultura, que no tienen nada, simplemente se refugian en la religión, necesitan creer en algo, más allá de lo que tenemos, para ser felices.

"Si cuestionas tu verdad, sentirás dolor. Crecer duele y, a la vez, te hace mucho más feliz".

—JOSÉ MONTAÑEZ—

La religión te ayuda a adquirir unos valores increíblemente buenos, también te quita muchas cosas. La religión te invita a abstenerte de muchísimas cosas que privan tu libertad. Más adelante leerás unos ejemplos.

La religión, también ha hecho una función en este Planeta muy importante. Desde que la gente cree en algo, la gente tiene una ilusión, la gente no está tan perdida y están más estables emocionalmente. Gracias a la religión, ha habido más control sobre las enfermedades de transmisión sexual, la gente no ha hecho lo que ha querido, cuando ha querido y, por tanto, la sociedad está más controlada.

Eso sí, hay que tener en cuenta que la religión, aun se sigue aferrando a leyes antiguas, costumbres antiguas, que hoy en día, puede hacer que muchos jóvenes, sufran en gran manera por aferrarse a normas que van en contra de su propio ser.

Cuando estás muy metido en una iglesia, normalmente, lo único que lees, es la Biblia, y si quieres algo más; que sea de temario cristiano. Todo lo que no proviene de Dios, proviene del Diablo; así piensas cuando tu único sentido en la vida es Dios.

Esto para mí es un asesinato a tu mente, la estás privando de muchísima información de personas que han aportado muchísimo valor a esta vida. La lectura es súper importante, es el método de desarrollo personal más eficaz, ya que tú mismo te estás hablando, corrigiendo y perfeccionando.

Cuando lo único que lees es la Biblia y te refugias en un local con cristianos, te pueden invitar a que no vayas a la discoteca a divertirte con tus amigos, beber alcohol, pornografía, masturbarte, tener sexo con alguien antes del matrimonio, que no seas policía o militar por el uso de las armas, escuchar únicamente música cristiana...

Otra cosa, muchos cristianos me han llegado a confesar, que no se creen que Dios haya hecho a Adán y Eva en un chasquido de dedos, no se terminan de creer el creacionismo. Me dijeron que hacen como que se lo creen porque tienen miedo a creer otra cosa y perder el cariño que reciben de ese local, de esos cristianos, las alabanzas que cantan, las oraciones, todo es tan bonito, tan precioso, que es el sentido de sus vidas, lo único que tienen y, por supuesto, no quieren perderlo ni cuestionar esa verdad.

Este tipo de personas te dirán algo así: "pues sí, yo me creo todo esto, yo quiero seguir aquí, yo quiero sentir esta emoción, yo quiero apartar todos esos problemas que tengo, que metiendo a Dios y metiendo todos estos pensamientos bonitos, los inhibo, entonces me siento bien como estoy y no quiero pensar tan en profundidad, a mí no me hagas cuestionar tantas cosas, yo estoy bien así".

"Mucha gente oculta sus problemas, su doble vida; en las adicciones, el ejército, la iglesia, otro país... Quien oculta sus problemas, no es libre y no puede ser feliz".

—JOSÉ MONTAÑEZ—

¿Qué piensan los cristianos acerca de hablar con Dios?
"Pues que, si hablas de corazón, serás capaz de sentir su presencia. Sentirás ese escalofrío por todo tu cuerpo".

¿Qué piensa un ateo acerca de hablar con Dios?
"¿Qué Dios? Si Dios no existe. Está claramente demostrado que la religión es como una costumbre, ha servido para

proteger a la humanidad. Ese escalofrío que sienten son impulsos eléctricos que envía el cerebro a tu cuerpo por entrar en un estado de armonía, igual que si practicas yoga".

¿Conoces el juego del teléfono roto? Es un juego que consiste en decir una frase a un amigo al oído, este se lo dice a otro amigo al oído y así sucesivamente. El último amigo tiene que adivinar la frase del principio. Es muy difícil que acierte a la perfección y más si hay mucho ruido ambiente. Por eso, es difícil que después de miles de años, muchos cristianos sigan creyendo en unas letras a sumo detalle, sin ni siquiera pensar en actualizarlas al mundo en que vivimos, un mundo que está en constante cambio y evolución.

Un ateo, cuando hablas con Dios, te dirá: "Cuando buscas la presencia de Dios, te estás hablando a ti mismo, y eso hace que entres en un momento relajante, un momento de éxtasis, de mucha relajación, es igual que estar meditando".

¿Qué pasa cuando encuentran huesos de animales que llevan miles de años en la Tierra? En un primer momento no sabían que decir, luego se les ocurrió la idea de decir que eran animales antediluvianos, animales que no cupieron en el arca de Noé y que, por tanto, murieron en la inundación. En la actualidad, hay más que ciencia, muchos datos de los mejores médicos, biólogos, científicos, etc. que nos demuestran que la evolución existe. Los ecosistemas cambian, los animales, las personas y, por eso, es fácil intuir que no venimos de: "hágase y se hizo".

Si muchos cristianos se actualizan y ven posible el evolucionismo, ¿no crees que hay más cosas en la Biblia que se podrían actualizar?

El ser humano piensa que es racional, que piensa, que analiza, que cuestiona, que aprende, pero no; el ser humano es básicamente emocional y llegamos hasta tal punto de emociones, que cuando alcanzamos un nivel de intensidad máximo, somos capaces de confundirnos y creernos cosas que, en el fondo, no sabemos si son ciertas. Son emociones que nos hacen sentir muy bien, y no queremos analizarlas en profundidad, queremos seguir con ello y ya está, como por ejemplo; la cocaína.

"Cuando hablas con Dios, tú eres tu propio psicólogo. Tú eres tu propio Dios. Todo donde hay amor, es Dios".

—JOSÉ MONTAÑEZ—

El ser humano tiene la necesidad de explicar qué es esto, explicar qué estoy haciendo aquí, qué es esta vida, cuál es el sentido de la vida. El ser humano tiene la necesidad de agarrarse a algo, tener una ilusión, una esperanza, no sentirse culpable y sentirse feliz.

Piensa que somos muy frágiles, y es muy fácil que nos puedan lavar el cerebro. Por eso, si tú eres un creyente firme, creerás que tu religión es la religión correcta y no la del vecino. ¡Fíjate cuántas religiones hay! ¿Qué pasaría si tú te hubieras criado en esa otra religión? Pues que, obviamente, no pensarías lo mismo de la tuya.

Siempre hay que ver lo mejor de cada ser humano, y lo peor para no hacerlo. Por tanto, también podemos hacer lo mismo con las religiones; ver lo mejor y lo peor de cada una, eso te permite crecer, eso es cuestionar la verdad. Lo que está mal, es estar encerrado entre 4 paredes con miedo a ver algo más allá y castigar tu propio ser constantemente, para agradar a los responsables de Dios.

Quiero que tengas en cuenta algo. Los animales se masturban, también, tienen sexo sin estar, únicamente comprometidos con una pareja, también tienen sexo entre machos y entre hembras. Por lo visto, la mayoría de animales irán al infierno, por pervertidos, fornicación, adulterio, homosexualidad... ¡Qué vergüenza de mentes cuadriculadas, ellos sí son animales y pueden arruinar la vida de un joven con ganas de soñar y mejorar el mundo!

¿Crees que los seres humanos no son animales? En realidad, somos como animales racionales. En la mayoría de situaciones, nos guiamos por impulsos, instintos, haciendo funcionar la parte reptil de nuestro cerebro.

No entiendo por qué muchos cristianos se sienten mal por "pecar". Cuando la mayoría de tus "pecados" son cosas naturales como ser humano que eres. Me acuerdo de algunos jóvenes que su restricción era tener un móvil muy antiguo, sin internet y así evitar tener la tentación de ver pornografía y caer en la masturbación.

Muchos amigos cristianos me decían que cuando caían en la masturbación, era un martirio para su mente, la culpa que sentían les paralizaba, prácticamente, la vida.

Tener una filosofía de vida es súper útil, es por eso que las religiones tienen tanto éxito; porque es como tener ese manual de instrucciones que te permite saber lo que está pasando y te permite saber qué hacer, cómo reaccionar, ante un evento determinado.

Quiero que te quede muy claro que yo, no juzgo tu religión. No juzgo donde estás, ni como actúas ni lo que estás practicando ni lo que estás haciendo; yo te acepto, mientras no hagas daño a la gente.

Eso sí, tú también deberías de poder aceptar el cuestionar, ser libre para pensar, razonar y crecer. No deberías de tener miedo de cuestionar tu vida, de cuestionar tu religión y lo que estás haciendo en todos los sentidos, porque si verdaderamente estás en el camino correcto y estás tan seguro de lo que haces, ¿por qué no podrías cuestionar?

Pero, ¿da miedo verdad? Da miedo que te pueda hacer dudar. Da miedo que te pueda desmoronar tu vida. Si tu vida es tu religión, te desmorono la vida y eso es algo que no gusta, no sabes dónde meter tu realidad. Crecer duele, pero tienes que crecer, porque no hay mayor felicidad que darte cuenta que antes no estabas siendo tan feliz.

Seguramente te harás una pregunta: "pero José, ¿tú crees en Dios?" Y yo te diré: "hay una probabilidad inmensa de que haya algo más allá después de la vida que conocemos. Si te fijas, somos una partícula inmensamente pequeña en comparación a todo el universo. No tenemos ni puta idea de lo que hay en toda la galaxia. Lo que sí sé, es que hoy en día, las personas se han inventado una película inmensamente grande alrededor de lo que es la religión, para no destapar y afrontar la realidad de sus vidas".

Querido amigo, el mundo te necesita, vales mucho más de lo que ahora mismo te imaginas, y de lo que ahora mismo estás dando. Para ello, tienes que aprender lo mejor de cada libro, de cada religión, de cada persona, de todo...

¡Crecer duele, pero merece la pena! ¡Espabila!

Te hago una pregunta. ¿El pasado existe? ¿Y el futuro? Piénsalo detenidamente. ¿Todas las cosas que has pasado en tu vida a lo largo de los años, todos los momentos vividos existen? ¿Es algo real o simplemente es un recuerdo? Y tu futuro, ¿existe, es real? También hay momentos que estás en el baño o a punto de ir a dormir y piensas que algún día, ojalá no muy lejano, lograrás todos tus sueños. ¿Es una realidad o tan solo es una ilusión? La mayoría de personas viven en el pasado arrepentidas por lo que han hecho o en el futuro con la ilusión de que algún día serán algo o llegarán a algún lugar, y mientras tanto, el presente, su vida, lo único real; se les escapa y mueren.

Solo existe el presente

¿Te ha pasado alguna vez que se te hace la boca agua, que salivas mucho, cuando te ponen en la mesa tu plato favorito? ¡Seguro que sí! Luego te metes en la boca el primer bocado y tus papilas gustativas te provocan una bomba de sensaciones. Sientes un placer intenso, un gusto increíble que hace que disfrutes los primeros bocados. Sí, he dicho los primeros bocados. ¡Fíjate! A mitad de plato y al final del plato; ya no notas ese gusto intenso del principio, simplemente comes, sigues y terminas.

¿Por qué se te hace la boca agua antes de probar el primer bocado? Tu mente tiene adjudicado un patrón; cada vez que ves y hueles ese plato en ese mismo lugar y a esa misma hora, tu cerebro experimenta las mismas sensaciones que tuviste en otra ocasión.

Ahora bien, ¿por qué dejas de sentir ese gusto intenso conforme vas comiendo? Muy simple, no eres capaz de permanecer en el presente. Te pones a pensar en miles de historias pasadas, futuras y no eres capaz de centrarte en el bocado que tienes ahora mismo.

Alguna vez que has hecho algún viaje, ¿te ha pasado que el tiempo se te ha ido volando, que no te has dado cuenta y ya estabas allí? Incluso en las escaleras de tu casa, no te das cuenta y ya estás en la puerta. No eres capaz de disfrutar el camino, centrarte en cada escalón. Tu mente vuela a momentos irreales con la ilusión de que se hagan realidad o poder volver atrás en el pasado. El problema de todo esto, es que estás acostumbrando a tu mente a que en este momento presente siempre viaje a otros momentos que no existen y esto da como resultado un descontrol de tu tiempo. No eres capaz de controlar tu mente y esta te controla a ti, de esta manera es muy difícil controlar tus pensamientos, que es la base para cumplir tus sueños. Por eso, cuando subes una escalera, centrarte en cada escalón, no solo evitará que puedas tropezarte, sino que entrenarás tu mente para que sepa centrarse en el momento presente, lo único real.

El 85 por ciento de los pensamientos de la mayoría de personas son repetitivos e inútiles, no te dejan vivir el presente y además gran parte de ellos son perjudiciales y adictivos, pensamientos que te provocan más ansiedad o incluso caer en la depresión.

¿Sabías que las personas con mucho ego, apenas viven el presente? Su mente se enfoca mucho en el pasado para mantener una identidad, ya que, ahora mismo, no saben quiénes son. También proyectan su mente al futuro, allí encuentran un alivio y así no tienen por qué aceptar la realidad.

¿Sabías que la mayor parte del sufrimiento que experimenta una persona es totalmente innecesario? El dolor es algo normal en el cuerpo humano. Si te caes, si te pellizcan, si te das un golpe... te duele, sientes dolor. El sufrimiento es diferente. Normalmente, es creado por nosotros mismos, es algo mental y lo hacemos como una revelación, es una forma de expresión donde indicamos que no estamos de acuerdo con este momento, este presente; es una "no aceptación" hacia lo que estamos viviendo ahora mismo.

Tienes que darte cuenta que el presente es lo único que tienes. Tienes que hacer del ahora tu foco de atención principal en tu vida. Si no estás de acuerdo, tú mismo te provocarás un sufrimiento y como no tienes huevos para afrontar la situación y hacer lo necesario, dejarás que tu mente tenga pensamientos repetitivos e inútiles, que te llevarán a un pasado o a un futuro, un lugar no real, donde te encontrarás un poco mejor.

Una persona que vive de un recuerdo o de una ilusión, en el fondo, sabe que lo que vive no es real y por poco que sea, siempre está en constante sufrimiento, se transforma en una víctima y se vuelve adicta al "dolor" por miedo a afrontar la luz y la realidad de su vida, su presente.

¿Te has dado cuenta que no ha habido ningún momento en tu vida que no fuera ahora? Ni tampoco lo habrá nunca. Cuando estabas en el pasado, era el ahora. Ahora mismo, es el ahora y cuando estés en el futuro, será el ahora. Por tanto, el único momento real y presente es este mismo instante. Por eso, quise poner palabras de activación a este libro, para que no estuvieras leyendo y pensando en otra cosa, entre muchos otros beneficios. ¡Espabila!

¡Atento a esto! ¿Por qué coño muchas personas son incapaces de tirarse en paracaídas o hacer puenting? Ni siquiera se atreven a intentarlo. Se cagan de miedo y dicen: "no, ni pensarlo, yo por ahí no me tiro".

Las personas que sí se atreven a practicar estos deportes de riesgo, no les queda otra que afrontar el presente con todo su ser y olvidar, en ese mismo momento, todo su pasado; toda su creencia de cobardía y todo su futuro; todo su miedo.

Date cuenta que las personas pesimistas, toda la negatividad que desprenden no es más que una acumulación psicológica del tiempo pasado que provoca culpa, lamentaciones, resentimiento, quejas, amargura, etc. Así como el estrés, la preocupación, el miedo son causas por exceso de futuro.

La pregunta es, ¿tienes algún problema ahora mismo? No me refiero si has tenido problemas ayer o hace un año, ni tampoco me refiero si tendrás problemas mañana o dentro de una hora. Te estoy hablando del ahora. ¿Ahora mismo, en este instante, tienes algún problema que te impida sonreír?

Si no eres capaz de sonreír ahora mismo que estás leyendo este texto, mi querido amigo lector, tienes un problema, es un problema mental, pero es muy simple de solucionar. Tan solo tienes que cambiar de decisión. Di sí y sonríe, así de fácil. ¿No quieres hacerlo? ¡Puro ego! El mundo necesita que crees menos "dolor" para ti mismo, porque así no contaminarás a los demás y así, seguramente, también tratarás mejor este hermoso Planeta, el cual es de todos.

Cuando tú centras tu mente en el ahora, sientes tu ser en profundidad, te sientes vivo; como cuando haces respiraciones profundas o sales de un spa. Sientes cada parte de tu cuerpo, cada movimiento, cada intención. Sientes tu presencia en el lugar y sientes paz y felicidad. Vivir así te garantiza la felicidad y el éxito, tan solo es cuestión de tiempo.

Muchísimas personas son totalmente incapaces de vivir así y por eso se refugian en exceso en el alcohol, las drogas, el sexo, la comida, la música, el trabajo, tu pareja, la televisión, ir de compras, redes sociales para ligar, anestésicos... todo lo que les ayude a no estar aquí presentes consigo mismo, en este mismo instante.

¿Qué es lo que les pasa a muchas personas cuando se enfocan en un trabajo, un negocio, un sueño o un objetivo concreto? Ellos tratan de ir hacia un lugar, con la ilusión de llegar, lo cual está genial. Visualizar el final, el objetivo, ilusionarte e inspirarte con ello es magnífico, pero ello te tiene que servir para centrar toda tu puta energía en el presente. El grandioso problema que hace la gente es centrar todo en el futuro, en el final.
Es como si yo voy por la carretera y centro mi vista en el siguiente pueblo. De esta manera, no estoy prestando atención a la carretera, por donde estoy yendo, a mi presente; y como es obvio, me voy a estrellar y nunca llegaré.

ESPABILA
DE UNA
PUTA VEZ

Espabila de una puta vez

Me gustaría decirte que esta, la parte práctica, es la más importante del libro, pero no es así. Antes de nada, ¡enhorabuena por haber llegado hasta aquí! Cada parte tiene su importancia.

La primera parte es la base, los cimientos de una construcción, es trabajar tu ser, lo más profundo de ti. Tratar de construir los muros de una casa sin los cimientos, es una pérdida de tiempo. Todo se va a caer, de lo único que te servirá, es darte cuenta que sin cimientos caerás. Por eso, bienvenido a la segunda parte del libro. Estás más que preparado para la práctica, los desafíos, los retos, construir los muros, tu vida y ver como tus sueños son más que posibles.

Esta parte consiste en realizar las actividades que se proponen en los diferentes días. Cuando hayas logrado los retos del *Día número 1,* pasarás al siguiente. En caso de no lograrlo, vuelve a leer la teoría, la que está relacionada con ese día, y vuelve a intentarlo. ¿Hasta cuándo? Hasta que lo consigas.

Conforme vayas avanzando; te darás cuenta que eres mucho más de lo que imaginabas, de lo que sueles aparentar. Aprenderás a soñar, soñar sueños de calidad. Verás que eres muy capaz para luchar por lo que te apasiona. Te irás asombrando de tu cambio y muchas personas te verán diferente, lo notarán. Entenderás que te sobra energía, pero te faltaba la visión de tu vida.

Cada día tiene retos diferentes. No es necesario que los retos de ayer, los sigas haciendo hoy. Lo importante es que hoy centres todo tu ser en las actividades del día, creas y veas que es posible que tú los puedes lograr y luego, poco a poco, ya irás alternando retos de diferentes días, hasta dominarlo todo. En total hay 15 días de retos. Se podrían haber puesto muchos más, pero estos son suficientes para empezar a creer en ti.

Ten en cuenta que la fórmula hacia tu éxito solo la puedes crear tú. Yo no tengo ni puta idea de cómo hacer tu fórmula, pero sí sé hacer la mía. Me explico, yo lo que quiero es que con estos retos tú te des cuenta que vales demasiado, que eres más que capaz para lograr todo lo que te propongas y que te llenes de energía y pasión viendo como logras y avanzas en cosas que nunca pensabas que podías hacer. Es justo en este momento, donde tú estarás tan encendido y te verás tan capaz, que automáticamente; sabrás cual es la fórmula de tu vida. ¡Ya lo verás!

Ahora no tengas prisa. Realiza cada día sin preocuparte por el mañana y sin leer el resto. No te anticipes. El que piensa en todo lo que viene, se agobia y ese nunca logra nada. Hoy es el día más importante de tu vida. ¡Olvida el resto!

Si no le das importancia a esta parte del libro, no haces los retos, simplemente lees y pasas a la última parte; te estás demostrando a ti mismo que simplemente lees por leer, para sentirte bien por el hecho de leer, pero, en verdad, no estás cambiando una puta mierda.

¿Te acuerdas de la historia del principio de este libro? ¿Qué le pasaba al personaje que simplemente se tapaba con una gran hoja? Que al final enferma y muere. Si no estás avanzando, estás retrocediendo. Si no estás construyendo, superándote e innovando; eres producto terminado.

Día número 1

<u>Reto:</u> *Hacer una lista de tus 10 próximos libros de Desarrollo Personal.*

<u>Explicación:</u> Esta actividad es muy simple pero muy importante. Busca información en Internet sobre los mejores libros de Desarrollo Personal. Compáralos, lee las críticas, opiniones y averigua que te puede aportar cada libro en concreto.

Dedica un buen tiempo a conocer los próximos libros que cambiarán tu vida. Luego, haz una lista con tus próximos 10 libros de Desarrollo Personal que vas a leer. Ordénalos de mayor a menor importancia en función a lo que tú crees que necesitas aprender o dominar con mayor urgencia.

Después de hacer la lista, en este mismo día; compra el primer libro, el siguiente que leerás después de este. Si no puedes comprarlo ahora mismo, puedes preparar una hucha o si es posible, lo puedes descargar. Pero hazlo ahora mismo. Lo que no te puedes permitir, es terminar este libro y dejar de alimentar tu conciencia a diario.

Día número 2

Reto: *Hacer una lista de tus verdades absolutas y otra lista de tus mayores etiquetas.*

Explicación: Este reto es muy simple porque solo tienes que pensar un poco y escribir. Lo único complicado es no mentirte y ser sincero contigo mismo. Por eso, en un momento, vuelve a leer la lectura relacionada con este día. Una vez la hayas vuelto a leer, vuelve aquí y continuamos.

Lo primero, haz una lista con todo aquello que crees que es una verdad para ti, una verdad absoluta. Me explico, son cosas en las que tú crees y tu estilo de vida gira alrededor de estas creencias, pero hay personas que no las comparten y que no piensan igual. Escribe tus creencias más significativas y luego debate contigo mismo. ¿Qué pasaría si no son verdad? ¿Cómo piensa alguien que no opina lo mismo que yo? ¿Tiene algo de sentido lo que la otra persona dice?

Luego, haz una lista con todo aquello que más te define, con las etiquetas que más aferradas tienes a tu vida. Escribe todo aquello en lo cual tú te apoyas para ser feliz. Sé sincero. Una vez hecho, pregúntate, ¿qué sería de mí felicidad, de mi vida, si no tuviera nada de esto?

Lectura relacionada: *Capítulo 1. Apartados; Cuestiona tu verdad y Suelta todo.*

Día número 3

Reto: *Provocar un estado mental negativo y un estado mental positivo.*

Explicación: Este ejercicio es súper interesante. Aprenderás a controlar mucho tu mente y descubrirás que de ti depende que el día te vaya bien o mal. Antes de nada, vuelve a leer la lectura relacionada con este día. No vas a perder mucho tiempo y así sabrás cómo realizar el ejercicio. Además, es una parte muy importante del libro. ¡Vamos! En cuanto lo leas, vuelve aquí.

Bien, la primera misión es que provoques un estado totalmente negativo. Para ello tendrás que poner todo tu cuerpo en un estado fisiológico de tristeza y llevar tu mente a un recuerdo horrible, una pérdida, una tragedia, un día que fue una mierda, etc. Tienes que lograr sentirte como si estuvieras ahí mismo. Una señal de que lo has logrado es que llores o que te sientas exactamente igual como te sentiste en aquel momento. Una vez logrado, vuelve aquí y responde para ti mismo estas preguntas.

¿Cómo me siento? ¿Por qué la vida es una mierda? ¿Tengo la suficiente ilusión para luchar por mis sueños? Tómate un tiempo para responder bien estas preguntas.

Vale, ahora vamos a realizar todo lo contrario. Tienes que tomarte muy en serio estos ejercicios. No es lo mismo recordar algo, sentir una ligera tristeza que entrar en un estado de tristeza que provoque, por ejemplo, que llores sin querer.

Ahora tienes que poner todo tu cuerpo en un estado fisiológico positivo. Si has vuelto a leer los apartados, sabes perfectamente cómo hacerlo. Luego, tienes que tratar de llevar tu mente hacia un momento inolvidable, un momento súper feliz, un momento lleno de paz y alegría o quizás, muchas risas. Un momento que te gustaría vivir muchas veces más.

Tienes que sentirte como si estuvieras verdaderamente en aquel lugar y en aquel momento. Una vez logrado vuelve aquí y responde las siguientes preguntas.

¿Cómo me siento? ¿Por qué la vida es tan preciosa y tan mágica? ¿Tengo la suficiente ilusión para luchar por mis sueños? Tómate un tiempo para responder bien estas preguntas.

Espero que hayas entendido que tú tienes el poder para transformar tu vida y eso radica en controlar tu mente. Ahora tú mismo, has sido capaz de entrar en un estado donde todo era una mierda o un milagro.

Quiero que entiendas que la depresión no es más que entrar en estados negativos de manera repetida. Eso se convierte en un patrón, así pues, es una tarea un poco más complicada de arrancar de tu mente.

Mayoritariamente, tú tienes el control absoluto de tu mente y tú eres el que decides en qué estado estar y si quieres un día de mierda o un día fabuloso.

Lectura relacionada: *Capítulo 2. Apartados; La fisiología y El intelecto.*

Día número 4 y 5

Reto: *Comer bien.*

Explicación: Somos lo que comemos. Lo que ingieres determina tu salud, tu estado de ánimo, tu energía y hasta tu aspecto físico. Por eso en estos dos días vas a comer tal y como se especifica en el capítulo relacionado. No será nada fácil, sobre todo si llevas tanto tiempo comiendo mal, pero el resultado merece mucho la pena.

Lee muy bien la lectura recomendada y disfruta de nutrirte en los dos próximos días. Entre otras cosas, tendrás que: desayunar únicamente fruta por las mañanas, comer mucha ensalada y verduras, abstenerte de la carne o ingerir muy poca, nada de leche de vaca y todos sus derivados (queso, yogurt, pizza...), respetar estrictamente la combinación de alimentos, evitar todo tipo de comidas congeladas, precalentadas, infladas a conservantes, petadas de azúcar, grasas o harinas de bollería industrial, no ingerir nada pasadas las 9 de la noche, no beber agua durante la comida ni justo después, etc.

Con tan solo dos días, verás un cambio significativo en tu salud, imagínate en un mes o un año.

Un truco: para lograr no saltarte tu estilo de vida saludable en estos dos días; evita comprar cosas que sabes que no debes comer y si ya están en casa, evita abrir los cajones donde sabes que están esos alimentos que no permitirán que superes el reto.

Lectura relacionada: *Capítulo 3. Apartado; Nutrición.*

Día número 6 y 7

Reto: *Respirar bien y hacer ejercicio.*

Explicación: En estos dos próximos días, aprenderemos a respirar bien y haremos ejercicio. La sensación de bienestar que vas a notar es increíble. Por eso, este ejercicio junto con el reto anterior, deberían ser un estilo de vida para ti. Está pensado para una persona que quiere lograr, sí o sí, sus sueños.

Lo primero, respirar bien, concretamente esta técnica, es muy saludable desde el campo de la medicina. Es salud para tu vida, incluso, te ayuda a controlar situaciones de tensión. Lee bien la lectura relacionada y vuelve aquí.

La técnica de respiración es la siguiente: toma aire por la nariz, durante 4 segundos, desde la parte baja, como si quisieras inflar tu estómago. Has de contener el aire durante 16 segundos y exhalar el aire por la boca durante ocho. Lo ideal es que practiques este tipo de respiración 3 veces al día. Haz un mínimo de 10 repeticiones.

Luego, el tema del deporte. Una persona que practica deporte a diario o un par de veces a la semana, tiene menos probabilidades de enfermar. Y no solo eso, tienes mucha más energía, vitalidad, agilidad, ilusión, fuerza mental, persistencia, felicidad...

Por esta razón, es súper importante que practiques deporte. Es prácticamente un requisito indispensable para personas que quieren alcanzar su propio éxito.

Lee el apartado correspondiente al deporte y vuelve aquí.

Ahora ya sabes ideas para moverte y practicar ejercicio. ¿Cuánto tiempo? ¿A qué ritmo? ¿Me tengo que cansar mucho? Es muy fácil responder a estas preguntas. ¿Qué nivel de éxito quieres?

Querido amigo, si te tiras al suelo, haces 10 abdominales, subes un poquito tu ritmo de respiración y con eso me dices que ya has hecho ejercicio; he de decirte que te queda mucho para lograr tus sueños. Normalmente, cuando estás en la situación incómoda, es cuando estás por el buen camino, un camino fuera de tu círculo de rutinas. Por eso no tengas miedo a hacer cosas diferentes, cosas incómodas, tienes que sudar, aumenta bastante tu ritmo cardíaco, entrena duro, aun puedes hacer unos cuantos abdominales más, que te duela la barriga de lo bien que estás entrenando, que queme la zona abdominal de lo bien que has trabajado y luego descansa. Esto, simplemente es un ejemplo de abdominales. Obviamente, hay que trabajar todo el cuerpo con la misma intensidad.

También puedes hacer deporte con un entrenador personal, algún especialista que te motivará a no rendirte y lograr el físico que quieres. Gastamos mucho dinero en estupideces... ¿por qué no gastarlo contratando a alguien que nos facilitará muchísimo el camino?

Si entrenas duro, te sentirás satisfecho. No te mientas, tú sabes si lo estás dando todo y mereces pasar al reto siguiente.

Lectura relacionada: *Capítulo 3. Apartados; ¡Respira coño! y Deporte.*

Día número 8

Reto: *Inventario de tus sueños.*

Explicación: Lo que tienes que hacer en este día de hoy es sencillo pero muy importante. Tienes que escribir. Agarra unas hojas de papel, un bolígrafo y siéntate en un lugar cómodo y relajante, que no haya mucho ruido.

Lo primero que tienes que escribir es una *lista de tus sueños*. Tienes que ser muy sincero contigo mismo. Tienes que escribir lo que realmente deseas desde lo más hondo de tu ser. Olvida los salarios, el status social, lo que los demás quieren de ti...

Piensa en todo lo que tú quieres ser, lo que quieres hacer, tener y todo lo que quieres compartir, teniendo en cuenta; personas, sentimientos, lugares, trabajo, familia, relaciones, estados mentales, emocionales, sociales, materiales, físicos...

Haz una lista con todo tipo de sueños. No te limites. Escríbelos, aunque ahora mismo, parezcan sueños imposibles. Haz una lista de 10 sueños como mínimo.

Después haz otra lista con los 4 sueños que consideres más importantes de todos los que has escrito. Ahora tienes que escribir *las razones* por las cuales harías realidad estos 4 sueños que has elegido. La razón es el porqué de tu sueño, es el motor. Las razones son súper importantes para que tu sueño se realice. Si no es una razón sincera, no tendrás la suficiente fuerza para moverte. Por eso, tómate tu tiempo.

Por último, hay que hacer una *definición de desenlaces*. De lo que se trata aquí es que te hables a ti mismo en tiempo presente, como si ya hubieras hecho tu sueño realidad. Esto provocará que tengas más ilusión por lograr tus sueños, más energía y más garra para avanzar y no parar hasta llegar.

A continuación, tienes un ejemplo de definición de desenlace para el sueño de lograr un mejor físico. Haz tú lo mismo con tus 4 sueños más importantes. ¡No tengas pereza! ¡Tienes que lograrlo! ¡Tú puedes!

¡Tengo abdominales! Me miro al espejo y veo los cuadraditos. Miro hacia abajo, los toco y veo que son reales. Tengo los bíceps y hombros definidos. Se nota que el pecho está muy trabajado, no estoy delgado, por tanto, tengo masa. Cantidad de vello correcta, me siento fuerte, atractivo, respiro mejor, sonrío mejor, tengo más energía y me siento un ganador. Se nota que he trabajado duro todos los días y he cuidado la alimentación. ¡Qué bien me siento!

Lectura relacionada: *Capítulo 4.*

Día número 9

Reto: *Sacar a la luz tus secretos más oscuros.*

Explicación: En este día de hoy vamos a hacer una lista con las cosas que te impiden cumplir tus sueños. Esas cosas que te distraen, que te desilusionan, que no te dejan ser tú, que te atan y no te dejan ser libre y feliz. Solo te pido que seas sincero.

Hacer esta lista no es nada fácil, por eso tómate tu tiempo. Pon música relajante y analiza tu vida, tus días... Tienes que ser capaz de escribir tu mierda, todo aquello que no te permite ser la persona que te gustaría ser, todo aquello que te retrasa en tus metas. Todo el mundo tiene mierdas que no ha contado a nadie, ya sea por vergüenza, por miedo o por orgullo. ¡Muy bien! Pues es hora de contarlo todo, porque precisamente por no haberlo hecho, por eso sigues fracasando en tu vida o retrasando algunos sueños.

Escribe tus secretos más oscuros, aquello que no sabe nadie y te gustaría contar y así, poder desahogarte. No tengas miedo de escribir. Tienes que hacerlo, sé sincero contigo mismo. Tarde o temprano, tendrás que liberarte. Pues mucho mejor ahora. Escribe tu lista de *los impedimentos y secretos más oscuros* y vuelve aquí.

Bien, espero que lo hayas hecho ya. Escribir esa lista, normalmente, te hará llorar. Es algo muy profundo y sentimental.

Primero quiero hablarte de los impedimentos más comunes que hayas podido escribir. Impedimentos como;

alguna amistad en concreto, me desmotivo rápido y no persisto, exceso de uso con mi teléfono móvil...

Con toda la información que tienes en este libro; sabes perfectamente como apaciguar la intensidad de tus impedimentos, hasta que estos ya no sean un problema para ti.

Un impedimento muy curioso, que la mayoría de nosotros tenemos, es el exceso de tiempo que pasamos frente a las pantallas; televisor, tablet, ordenador, móvil...
¡Cuántos putos días te tiras con el móvil desde la mañana hasta la noche! Date cuenta que si tu sueño fuera mirar pantallas, haría mucho tiempo que lo habrías logrado.

Esto nos impide concentrarnos en nuestros objetivos, ya que a cada rato estamos mirando nuestro smartphone, pasamos demasiadas horas viendo series o películas y nos dormimos mirando el móvil y nos despertamos mirándolo también, eso sí, con la vista bien cansada. Esto no debería ser así, ya que los últimos 10 minutos antes de tu hora de dormir, deberías tener pensamientos relajantes y bonitos. Si te pones a mirar vídeos luego te cuesta mucho dormir. A parte, la luz de las pantallas no ayuda para conciliar el sueño.

Te diré una posible solución ante este problema: usar una app que limite y gestione el tiempo. Muchos smartphones, directamente en los ajustes, te permiten limitar el tiempo de uso del aparato, limitar el tiempo de uso de ciertas aplicaciones y bloquear el móvil cuando llega la hora de dormir. Si no, hay aplicaciones gratuitas que hacen las mismas funciones.

Por último, quiero hablarte de los impedimentos que más te ha costado escribir, de tus secretos más íntimos y oscuros. Bien, tienes que tener en cuenta que, si has hecho la lista, es para dar solución a esos problemas. ¡Has de lograr tus sueños!

A continuación, tienes que señalar en la lista los 3 problemas que más te ha costado escribir, los que no hayas contado nunca a nadie, esos secretos que rondan en tu cabeza y te gustaría poder contar a alguien. Cuando los hayas señalado, continúa leyendo.

Muy bien. La solución es sencilla. ¡Cuéntaselo a alguien! Ya, ya sé que no es fácil, pero tendrás que hacerlo tarde o temprano.

Lo primero que tienes que hacer es buscar la persona adecuada, una persona madura, educada, y que crees que te puede ayudar con tu problema. No le cuentes tus problemas a alguien que se puede reír de ti o que no sepa cómo ayudarte.

Algunos ejemplos, de estos secretos oscuros, podrían ser: adicción a las drogas, estar dentro del armario, ser un mentiroso compulsivo, tener problemas sexuales, complejos...

Estos impedimentos, por ejemplo, no son fáciles de contar a alguien, pero si no lo haces, seguirás atado, no serás libre, feliz y no podrás hacer tus sueños realidad.

Si eres un drogadicto, háblalo y así tu carga entre dos es más fácil y podréis buscar ayuda más rápido. Si eres homosexual, háblalo y libérate de una puta vez.

El problema no es que seas homosexual, sino la homofobia interiorizada que hay en ti y en los demás. Si tienes complejos, dilo, libérate, siéntete mejor, acéptalos y, poco a poco, decide mejorar.

¡Enhorabuena! Has logrado un paso increíble. ¡Te felicito! Ya estás preparado para el siguiente día.

Día número 10 y 11

Reto: *Practicar los trucos de la sociabilidad con todo el mundo.*

Explicación: En estos dos días vas a experimentar cómo los trucos de la sociabilidad trabajan a tu favor para conseguir resultados increíbles, en tus compañías, si los practicas bien.

Tienes que entender que hay diferentes personalidades, saber cuáles son los trucos de la sociabilidad, las 6 maneras para agradar a los demás y saber cómo influenciar sin ofender.

Todo esto lo tendrás que practicar durante dos días con todo el mundo. No te agobies. Intenta entender bien la lectura relacionada, recordarlo y, poco a poco, aplicarlo.
Tú mismo verás resultados increíbles en la conducta de los demás.

Es hora de leer el capítulo 5 de nuevo y ponerlo en práctica. Es un reto muy, pero que muy importante, ya que tener unas buenas habilidades sociales, marcan tu futuro. ¡Ya verás cómo te encantará hacer este reto! ¡Tú puedes!

Te dejo por aquí algo extra y opcional: un día puedes practicar el *decir sí a todo*.

Es un ejercicio muy divertido, que te ayuda a superarte y obtienes unos resultados muy notables. Se trata de decir sí a todo. Así de simple, siempre y cuando, no sean cosas que pongan en riesgo tu vida o sean dañinas para ti.

Te lo explico mejor con mi propio ejemplo:

Hicieron una barbacoa un grupo de personas, a la cual nos apuntamos un amigo y yo. Ese día yo tenía que decir sí a todo. De repente, se acerca uno que no me terminaba de caer muy bien, que no congeniábamos mucho y me pregunta si quiero un poco de chorizo.

La verdad, no me apetecía chorizo y mucho menos, porque me lo estaba ofreciendo él. Pues le dije que sí, él partió un trozo de su chorizo, partió un trozo de su pan y me lo dio. Me lo comí y, oye estaba bueno. Pero, ¿sabes qué fue lo mejor? Que después de ese bocado entablamos una larga conversación, muchos temas de los que hablar y acabamos riendo como tontos. Él entendió que, si yo aceptaba el trozo de chorizo, aceptaba su amistad. Aprendí una gran lección. La experiencia y el resultado fueron muy positivos.

Lectura relacionada: *Capítulo 5*

Día número 12

Reto: *Ducha de agua fría y retos por la calle con amigos.*

Explicación: Este reto es muy divertido y te ayudará a ganar confianza en ti mismo, a soltarte, a ser más sociable, a ser más espontáneo, a ser más natural, más seguro de ti mismo...

Tienes que buscar un amigo o unos cuantos, que quieran hacer retos por la calle para obtener todos los beneficios anteriores. Tienen que ser personas que les guste superarse y aprender cosas nuevas.

Puedes hacer todo tipo de retos, mientras no hagas daño a la gente. Tienen que ser retos, que te pongan en una posición incómoda, ya sea que te dé vergüenza o, simplemente, que nunca lo hayas hecho. ¡Te tienes que superar!

Antes de empezar el día; dúchate con agua fría. A parte de la rima, el agua fría ayuda a mejorar la circulación sanguínea. Además, ducharte, de golpe, con agua fría te ayuda mentalmente a salir de tu zona de confort, de tu comodidad, de tus costumbres y eso te ayudará a estar más despierto, más enérgico y más preparado para afrontar los retos en la calle.

Te pongo algunos ejemplos, de menos a más intensidad:

- Pedir la hora a alguien que pasa por la calle.

- Preguntarle a alguien donde está la hamburguesería más cercana.

- Decir que estás haciendo una encuesta y quieres saber la opinión de que haya tantos chicles pegados en el suelo y charlar con esa persona.

- Pegar un grito muy alto en una calle muy transitada y decir: ¡Yo soy feliz!

- Tirarte al suelo en un lugar donde haya mucha gente y quedarte 10 segundos tumbado, con los ojos cerrados.

- Lograr que alguien de la calle te dé un abrazo.

- Lograr que alguien de la calle, que te parece atractivo; te dé su número de teléfono.

Una vez hayas realizado todos estos retos, o muy similares, pasa al siguiente día.

Día número 13

Explicación: Es hora de despegar, de poner tu avión a toda potencia y empezar a volar, rumbo hacia tus sueños. Para ello, vamos a hacer un dosier con unas cuantas listas que te ayudarán a ver, que despegar el avión es más que posible y te ayudarán a tener la suficiente convicción de que lo vas a lograr, para así no rendirte y poder llegar. Antes de nada, lee rápidamente el capítulo número 6 y vuelve aquí.

- Lo primero que haremos será una *lista de recursos.* Tienes que poner en esta lista todas tus virtudes, tus dones, tus talentos y todo lo que tienes para ayudarte a lograr tus sueños; cosas materiales, amistades, tu forma de pensar, todos los recursos que tengas, que valores y aprecies.

- Ahora tienes que crear una lista de tus *éxitos pasados.* En esta lista tienes que recordar, desde que tienes memoria hasta ahora. Recuerda todas las veces que has hecho algo que te has sentido un ganador, que has logrado algo muy importante, una victoria que no olvidas...

  Valórate y piensa bien, porque puedes poner muchas cosas. Ya sean cosas como sacarte un título, criar un perro o lograr hacer esa exposición que tanto te acojonaba.

- Seguidamente tienes que escribir *qué clase de persona deberías ser.* Tienes que hacer una descripción honesta de la persona en la cual tú te tienes que transformar, para poder realizar los sueños que tienes en tu mente.

Haz un pequeño texto explicando las cosas que deberías apartar, las cosas que deberías hacer, tanto material como emocional; todo lo que tú sabes que tienes que quitar o poner a tu vida para triunfar.

- Ahora tienes que hacer un *plan semanal o un horario*. No hace falta que seas muy estricto apuntando todo lo que tienes que hacer al detalle. La idea aquí, es que sepas a modo general todo lo que tienes que hacer cada día, para que no te olvides y seas más productivo. Si te retrasas con el horario, no pasa nada; lo importante es que lo hagas, antes de que acabe el día. Piensa que el horario, siempre lo estarás modificando conforme pasen las semanas, ya que tus actividades, lo más seguro, es que vayan cambiando.

Algo importante es que no te castigues, porque entonces no harás nada. Aquí de lo que se trata, es que tengas un control. Da igual el ayer, lo importante es ahora. ¡Haz cosas y sé productivo! ¡Luego te sentirás muy bien! Haz el plan semanal y continúa leyendo.

- Lo que viene ahora es algo muy curioso. Tienes que pensar en *tres modelos de personas*, personas reales que para ti son tus ídolos, tus ejemplos a seguir o personas que han alcanzado ya tus sueños.

Escribe sus tres nombres y al lado, pon de 3 a 5 palabras que los definan.

Luego imagina que cada uno de ellos te dedican a ti, personalmente, unas palabras. Escribe qué te dirían. Haz un pequeño texto imaginando que te dirían a ti, tus ejemplos a seguir. Esto te ayudará a ganar fe y compromiso con tus sueños.

- Seguidamente, tienes que escribir cómo sería *un día ideal para ti*. Tómate un tiempo y escribe todo tipo de detalles para que tu día sea ideal, que haya un ambiente perfecto. Escribe aproximadamente una hoja. Todo esto te ayudará a aclarar tu mente y saber qué es lo que hay en tu interior, qué es lo que realmente deseas y así, sabrás, mucho mejor, por qué luchar. Cuando termines, continúa leyendo.

- Por último, para terminar tu dosier, tienes que escribir una *lista de la gratitud*. Tienes que pensar muchas cosas de las cuales estés muy agradecido, y esto te ayudará a sentirte bien contigo mismo y darte cuenta que hay muchos factores que te pueden ayudar en tu camino al éxito. Haz una lista de aproximadamente 30 elementos. Te digo algunos ejemplos: salud, no vivo en la calle, respiro bien, como cada día, tengo un ordenador, amigos de calidad, domino la mecánica...

Lectura relacionada: *Capítulo 6*

Día número 14

Reto: *Clasificar tu círculo cercano.*

Explicación: Esta tarea duele, por una simple razón; no quieres romper el vínculo con ciertas amistades por miedo a quedarte solo, desnudo, aburrido... Pero estoy seguro que en tu círculo de amistad y personas con las cuales te rodeas a menudo; hay muchas personas tóxicas.

En esta actividad vamos a clasificar a todo tu círculo cercano. Ahora, vuelve a leer la lectura recomendada, no tengas pereza, que es un momento y vuelve aquí.

Bien, se trata de que hagas una lista con estos 12 elementos:

- Los que culpan todo el tiempo.
- Los envidiosos.
- Los descalificadores.
- Los agresivos.
- Los falsos.
- Los psicópatas.
- Los mediocres.
- Los chismosos.
- Los autoritarios.
- Los neuróticos.
- Los manipuladores.
- Los quejicas.

¡Vaya, creo que te he dejado sin amigos!

Todos nos podemos incluir en varios sitios de esta lista. De lo que se trata, es que valores qué personas son realmente tóxicas y no te están aportando nada de valor para construir tus sueños y, por tanto, que reduzcas el tiempo que pasas con ellos.

En casos drásticos, casos donde alguien no solo te impide cumplir tus sueños, sino que te chantajea emocionalmente, y te manipula; apártalos inmediatamente de tu vida. Hay muchos amigos con buen corazón esperando a encontrarse contigo y que les des un abrazo.

Lectura relacionada: *Capítulo 7*

Día número 15

Reto: *Debatir con amigos.*

Explicación: En este último reto, tienes que escoger a un amigo o varios, que sean personas que les guste aprender, superarse y que estén dispuestas a debatir contigo, simplemente para aprender.

En este ejercicio no se trata de discutir y ver quién dice la frase más correcta, más culta o más ingeniosa. ¡No! De lo que se trata es de decir todo lo que te pasa por tu mente, aunque sean cosas que parezcan inútiles o infantiles. Así, entre todos, podréis sacar conclusiones, ver diferentes aspectos, puntos de vista y aprender el uno del otro.

En charlas como estas, se pueden sacar ideas muy interesantes, aprender mucho, cuestionar verdades y crecer mucho a nivel personal.

Vuelve a leer la lectura relacionada y empieza a debatir con la o las personas que hayas escogido. ¡Recuerda no discutir elevando el nivel de tensión! De lo que se trata es de aprender. ¡Tú no eres mejor que nadie!

Si ves que el debate está siendo interesante, puedes añadir más temas curiosos, donde haya diversidad de pensamientos.

Lectura relacionada: *Capítulo 8*

LA CLAVE DE LA FELICIDAD ETERNA

La clave de la felicidad eterna

¿Cuántos kilos de alimento crees que has ingerido a lo largo de tu vida? Pongamos como ejemplo un joven de 20 años. El resultado aproximado es: 13 toneladas de alimento. Necesitaríamos un tráiler para poder transportar todo el alimento que has ingerido para que tu cuerpo siga así de bonito; día a día zampando sin dejar de hacerlo ni un solo día, no hay excepciones.

Cuando es la hora de comer, hay que comer. Cuando es la hora de cenar, hay que cenar. Y si he tenido mucho trabajo o se me ha hecho muy tarde, da igual; abro la nevera y como algo. Sí o sí tengo que saciar mi estómago cada día para que mi cuerpo siga así de vital y así de hermoso.

¿Y tu conciencia? ¿Lees cada día libros para alimentar tu cocorota? ¿También podríamos transportar un camión de los libros que has leído? Me imagino que al igual que no dejas ni un solo día de alimentar tu cuerpo, harás lo mismo con tu conciencia, ¿no? Y entonces, ¿por qué te has quejado tanto en esta vida?

Esto es como al que le duele el estómago de hambre, le ofrecen un plato de comida bien rico y dice: "No, por favor.

Déjame en paz. Me duele y no me apetece comer, ya se me pasará".

Querido amigo lector, ¿qué pasa si no comes nada durante un día entero? Primero que te va a doler la barriga de hambre y, menos mal; si el comer tuviera que ser por fuerza de voluntad, creo que la raza humana se hubiera extinguido. A parte del dolor, no aportas la cantidad de macronutrientes, micronutrientes y fitonutrientes que tu cuerpo necesita a diario. Esto quiere decir que no aportas todas las vitaminas, minerales, proteínas, grasas, etc. que tu cuerpo necesita para rendir al máximo. Al no aportar nada de esto, tus defensas bajan y hay mucha más probabilidad de contraer una enfermedad, que si no se cura; causa la muerte. Imagina si estuviéramos varios días sin comer...

Tu conciencia es como tu estómago. Ambos necesitan alimentarse cada día. No hay excepciones. Pon una alarma en tu smartphone o donde te dé la gana. Pero, así como tienes horas sagradas para comer, ten como mínimo una hora para la lectura. Si quieres ser feliz y tener éxito en tu vida, este es un tema que lo tienes que entender a la perfección. Si no aumentas tu nivel de conciencia cada día con material, especialmente libros, que te aporten un gran valor; tu conciencia se pudrirá y no sabrás lo que es estar vivo de verdad.

¡Espabila! Acaba de aparecer la palabra de activación. ¿Recuerdas lo que tienes que hacer? Si no lo recuerdas, búscalo y hazlo ahora. ¿Cómo pretendes lograr tus sueños si no eres capaz de pegar 5 saltos ahora mismo? Sabes que realizar la palabra de activación te aporta cosas buenas. Si no eres capaz de dominar esta pequeña pereza, ¿crees que podrás vencer la pereza a trabajar cada día por tus sueños?

¡Tú puedes! Muy atento a cada palabra de activación, no te dejes ni una.

Quiero que pienses algo. En este mundo tenemos una infinidad de libros de Desarrollo Personal. Libros muy buenos que te pueden transformar y están al alcance de todos. Eso sí, no suelen estar en colegios ni en bibliotecas; espero que esto cambie muy pronto. Espero que dejen de tratar a los niños como robots, como si aún estuviéramos en la era industrial. Espero que se preocupen más por la persona, por descubrir sus talentos, lo que les apasiona y no obligarles a retener información para vomitarlo todo, los días de exámenes.

Como he dicho, todos estos buenos libros te pueden transformar. Hay muchos "Bestsellers", millones de libros vendidos, millones de vidas impactadas, pero el porcentaje de personas que se consideran exitosas e impactan este mundo; sigue siendo muy bajo.

De todo el ámbito del Desarrollo Personal, ¿qué crees que es lo más importante para que tu sueño se haga realidad? ¿Qué es lo más imprescindible para el éxito? ¿Persistencia, valor, determinación, actitud, compañías...? ¿Qué única cosa dejaría como la más importante? ¿Cuál es el truco de todo Desarrollo Personal para alcanzar el sueño de tu vida?

Mira, imagina que estás en lo alto de un volcán lleno de lava hirviendo y te dicen: "Te regalo un coche si te atreves a pasar de lado a lado del volcán, por esas tablas de madera que se tambalean". Lo más seguro es que no cayeras y lograras un coche, pero, ¿y si caes? Demasiado riesgo para conseguir un coche, ¿no?

¿Y si en medio del volcán está tu madre asustada, un familiar que amas, tu mejor amigo o la mascota que tanto adoras? O más bien, imagina que la vida de tu familiar, amigo o mascota depende de ti. Si no pasas por ahí, lo pierdes, lo lanzan al volcán y muere. ¿Lo harías? ¿Por qué?

Muy sencillo, ahora tu porqué, tu razón, es muchísimo mayor. Antes, le dabas más importancia a tu vida que a un coche, pero ahora; tu porqué es tan grande que ya no piensas en chorradas, en gilipolleces ni en tu propia vida. Solo piensas en salvar la vida a tu ser querido, tu mayor porqué.

Hay muchos factores que determinan tu éxito, pero nada se puede comparar al porqué, a la razón, a tu foco, tu ilusión, tu propósito, tu visión, tu sueño; llámalo como quieras.

Imagina que te digo: "tienes un año para lograr tu sueño o lanzamos a tu ser querido al volcán". ¿Lo lograrías? Por supuesto. Moverías cielo y tierra, madrugarías como nunca, no dormirías muchos días si hiciera falta, no perderías tiempo, no habría distracciones, no te afectarían los comentarios estúpidos de la gente amargada y envidiosa, irías donde hiciera falta, te atreverías a hablar con quien sea, a hacer lo que sea, y trabajarías muy duro, como nunca antes lo habías hecho. Te podrías caer mil veces, que te volverías a levantar, y lo más probable; es que lograrías tu éxito mucho antes de que se cumpliera el año. ¿Por qué?

¡Ya lo sabes! Ese porqué, esa razón, no te permite quedarte quieto y ver los días pasar. Ese porqué te da energía de sobra para moverte, ese porqué te da persistencia, ese porqué te da ideas, ese porqué es la puta ostia, ese porqué es el truco para que todos tus sueños se hagan realidad.

¿Si no tienes una razón lo suficientemente grande para qué coño moverse, para qué coño vivir?

Da igual que nos vayamos a morir. El vivir ilusionado y feliz, viendo como tus sueños se hacen realidad es una experiencia mágica que debería ser eterna, que todos deberíamos vivir. ¿Por qué crees que aún no has logrado tus sueños? Pues porque no tienes una razón lo suficientemente grande. Todo en esta vida se mueve por un motivo; si el tuyo es pequeño, no tendrás la suficiente fuerza para arrancar y persistir. ¡Cámbialo! Si el que tienes ahora no te mueve; ¡cámbialo! Tienes que buscar en lo más hondo de tu ser, busca ese porqué, esa razón que te hace vibrar de emoción.

Ahora te pregunto, ¿por qué muchas personas exitosas, se meten a la bebida, las drogas, abandonan sus carreras, se quitan la vida...? Personas con tantísimo talento, dinero, tantísimo éxito y luego son unos infelices. ¿Qué sentido tiene esto?

Muy sencillo; dejan de soñar. Se deshacen del porqué, olvidan su razón y llegan a un lugar donde ya no hay ilusión. Dejan de avanzar, dejan de moverse, y ya sabemos que algo que no está en constante crecimiento, es como un río donde no fluye el agua, se pudre y desaparece. Luego, las drogas, la bebida y/o malas compañías disimulan la mierda de vida que tienen, una vida sin visión. Y como la visión es la fuente y la esperanza de toda vida, donde no hay visión; ya no hay vida, ya no hay nada.

Si este libro te ha gustado, sentirás tristeza porque sabes que está a punto de acabarse, pero te diré algo:

¡Ahora es tu momento mi fiel amigo!

Ahora tú eres libre de decidir hacia dónde quieres ir en la vida. Tienes el mundo entero para ti, el mundo entero a tus pies. Puedes ir a donde quieras, ser lo que quieras, hacer lo que quieras. Sabes que eres más que capaz para lograr tus sueños. Es hora de que aprendas a gestionarte, a ser tu propio jefe, no dejar que toda la vida te digan lo que tienes que hacer.

Para que te quede bien claro, te señalo los 3 conceptos más importantes del Desarrollo Personal, pero ten en cuenta, que solo esto, no es suficiente para que tus sueños se hagan realidad. Tienes que ir puliendo todo, poco a poco. Pero, sin duda alguna, esto es de vital importancia para tu éxito eterno:

- Tienes que alimentar tu conciencia cada día a la misma hora para estar siempre fuerte y creciendo.

- Debes tener un porqué muy claro que te haga moverte con fuerza y sin parar.

- Debes tener muchos sueños y no parar de construir más sueños. Algunos de ellos, como si fueran inalcanzables, sueños grandiosos o como si siempre fueran eternos. De esta manera, te asegurarás una vida terrestre llena de ilusión, bienestar y felicidad.

No pares de practicar todo lo que has aprendido aquí. Tienes que seguir practicando, mejorando, superándote a ti mismo, hasta dominar este libro a la perfección. Nunca pares de construir tus sueños mi fiel amigo y haz que este mundo sea mucho más bonito gracias a ti.

¡Vales demasiado! El cambio en tu vida es más que posible. Tus sueños están a la vuelta de la esquina. ¡Todo depende de ti! Aquí tienes la receta e ingredientes de sobra, ¿manos a la obra?

Y, por último, me despido con la frase que un día se generó en mi cabeza, mucho antes de saber que terminaría este maravilloso libro. Espero que hagas esta última palabra de activación. Nos vemos en la eternidad de los sueños. La vida se te esfuma. ¿A qué esperas?

¡ESPABILA DE UNA PUTA VEZ!

AGRADECIMIENTOS

Agradezco, en gran manera, a todas las personas que han luchado por dejar este mundo mejor; que se han esforzado como nunca, que han pagado el precio, que se han levantado miles de veces y que han dejado su sabiduría plasmada en un libro. ¡Todos vosotros me habéis despertado!

Y, en especial, agradezco a Martha Lid Jiménez, porque, sinceramente, es la persona más positiva que tengo en mis contactos, porque es una persona capaz de reír como una loca, aunque la vida, en ese momento, sea una mierda.
Ella me dio persistencia para acabar este libro.

Referencias:

Agradezco también a autores como: Dr. Myles Munroe, Dale Carnegie, Anthony J. Robbins, Eckhart Tolle, Robin S. Sharma, Bernardo Stamateas, Napoleon Hill, Mark Manson...

Sus letras forman parte de esta obra. Ellos, entre muchos otros autores, amigos y familiares, han sido una gran fuente de inspiración para crear una obra divertida, impactante y eficaz, adaptada a un mundo en constante evolución.

ACERCA DEL AUTOR

Empezó a dedicarse a la Automoción tras 4 años de estudios. La superación lo llevó a salir de su residencia familiar y estudiar Ingeniería Mecatrónica.

Tras 4 años más de estudios, se dio cuenta que más que pasión, era una posición social que le habían vendido como sueño y felicidad a alcanzar. Obtener ese status social no le daba plenitud, no se aceptaba, no era libre, estaba atado a costumbres de la sociedad y recordando un pasado doloroso, era como si estuviera en un pozo sin fondo.

Más tarde descubrió el poder de la lectura, el desarrollo personal, la meditación, PNL, la asociación positiva, la filosofía... ¡y todo cambió!

A día de hoy, José Montañez se dedica al Emprendimiento Online, Coaching Motivacional, Escritor y labores humanitarias con diversas ONG.

Su lema PIDEAYUDA, le ha permitido atender más de 2.600 casos de ayuda, muchos con situaciones críticas y todos de manera individual.

Más historia acerca de José Montañez

"Donde está la herida de una persona, allá estará su fortaleza, su don y su luz".

—José Montañez—

En el transcurso de estos años he aprendido a salir de una mentalidad pobre, una mentalidad muy encasillada que no me permitía ser libre y feliz. Hoy en día, sigo en ese proceso, me sigo cuestionando toda verdad.

He tratado de alimentar mi mente más que mi estómago, he dejado atrás muchas cosas que me impedían caminar con soltura y me he relacionado exclusivamente con personas que aportan valor a mi vida; personas locas pero felices, que se arriesgan sin miedo a perder, que saben soñar despiertas, personas ambiciosas y no avariciosas, personas que valoran y disfrutan el instante...

He pasado días y noches enteras ayudando a personas de todo el mundo a través de redes sociales. Actualmente, he ayudado a más de 2.600 vidas con todo tipo de problemas: racismo, ansiedad, homofobia, prostitución, suicidio, amistades, familia, parejas, religión, adicciones, drogas, estudios, estancamiento, trabajo, celos, aceptación, desilusión, impotencia, tristeza, odio, rabia, autoestima, liberación, frustración, propósitos, complejos, enfermedades (sida, cáncer...) y muchísimas cosas más que no logro recordar.

Siempre he dicho que todo lo que hacemos en la vida es pura conveniencia, aunque sea solo por nuestro propio bienestar, y si piensas que no, estás actuando desde el inconsciente. Está en nuestra genética, no lo podemos evitar.

Y eso es lo bonito de la vida, las buenas relaciones, porque juntas tienen más fuerza, más energía para ilusionarse, ayudarse, apasionarse y sonreír como nunca.

Espabila de una puta vez.

¡Te mereces ser **feliz**!

¿A qué esperas para **ser**?

¡FELICIDADES!

¡Muchísimas felicidades por haber llegado hasta aquí!

Si este libro ha aportado algo de valor a tu vida, me gustaría pedirte un favor, antes de concluir, que no te llevará más de 2 minutos y es súper importante para mí y los posibles nuevos lectores.

Me encantaría que pudieras dejar una reseña en Amazon con toda tu transparencia acerca de lo que te ha aportado o lo que has sentido al leer el libro *ESPABILA DE UNA PUTA VEZ*.

Es tan sencillo como acceder a Amazon a través de tu cuenta. En el menú desplegable seleccionas "Pedidos". Cuando aparezca el libro, podrás presionar en "Escribir una opinión sobre el producto". Seguidamente, podrás escribir tu reseña y también puedes dejar una foto con el párrafo que más te haya gustado.

¡Ojalá puedas hacerlo! Muchas gracias por tu bondad, estoy deseando leer tu reseña.

Por último, ¿estás interesad@ en que Amazon te notifique cuando vaya a publicar un nuevo libro? **Normalmente, cada 1 de enero, publico una nueva obra.** Aun así, te explico cómo hacerlo. ¡Es muy sencillo!

Accede a la página de venta del libro en Amazon y tienes que presionar **"+ Seguir"**. Si no ves el botón, presiona el nombre del autor y aparecerá. También puedes enviar un correo a la dirección facilitada escribiendo: *"Quiero recibir información de nuevas publicaciones"*.

Sigue al autor

José Montañez   + Seguir

Cuenta de Instagram:
@valesdemasiado

Canal de YouTube:
VALES DEMASIADO

Correo de contacto:
info@valesdemasiado.com

Página Web:
WWW.VALESDEMASIADO.COM

— José Montañez —

¿QUÉ TIENE DE ESPECIAL ESTE LIBRO?

Es un libro de lenguaje **coloquial, directo y muy radical** que desconcertará tu cerebro en cada capítulo. ¡Ya son miles de lectores agradecidos en todo el mundo!

No es un libro para principiantes. Es un libro mucho más avanzado, más profundo y filosófico.

Somos putas **marionetas** en un mundo muy corrompido. Nos gusta arrodillarnos ante una masa social, envuelta en una nube de ego y conveniencia, que maquillan nuestras incertidumbres con muchas necesidades, sueños, etiquetas, falsas creencias...

Este libro hará que vivas de forma más **real, libre y natural**. Para ello, vas a soltar **lastre invisible**, apartarás el miedo a perderlo todo y así podrás crear una **base firme** que soporte una **vida imparable** fuera de imposiciones. Sentirás como si tu mejor amigo/a te dijera la **cruda realidad** a la cara. Dolerá pero **DESPERTARÁS**.

CONTENIDO DEL LIBRO

- **La Nada:** Siempre ha sido tu mejor amiga, aunque no creas conocerla. Entenderás por qué nos mienten tanto.
- **Magia Evolutiva:** Igual de mágico es un tomate que la palma de tu mano. Descubrirás que la Evolución es la verdad.
- **Creencias de mierda:** Creo que "mierda" es una palabra demasiado suave para el daño que provocan las creencias falsas y limitantes en el ser humano.
- **Somos un virus:** Frente a la magnitud del Cosmos, eres un virus mugriento.
- **La dignidad del Ser:** ¿Por qué una hormiga, un león, un bosque o una ballena es menos importante que tú?
- **Sagrado y Divino:** Entenderás cómo los dogmas corrompen nuestra libertad, son un peligro y causan atrocidades a nuestro bienestar.
- **Tu verdad no es absoluta:** Hablaremos de la debilidad mental cuando es sometida a la presión social.
- **Lujo y Poder:** Hablaremos de la falsa felicidad que nos venden por el camino y al llegar al destino.
- **Conscientes de lo imposible:** ¿Es posible hallar la libertad estando en esta Tierra? ¿Estamos preparados para un fin inevitable? ¿Cuánta realidad eres capaz de soportar?
- **El cambio humano:** Nos hacen creer que la familia y el amor es lo más importante. ¿Alguna vez te has preguntado si es una invención humana?
- **Un elefante por delante:** ¿Recuerdos, instantes o ilusiones? ¿He de soñar arduamente para ser feliz?
- **Sin locura, la vida no tiene sentido:** ¿Es necesario reflexionar para vivir en un mundo finito?
- **Y MUCHO MÁS:** Corrientes filosóficas, cuadros para completar, retos espeluznantes, la grandeza del Universo, emoción y risas, construcción social, educación, apreciación del tiempo, política, desmentir grandes libros, ética, técnicas de expansión mental...

ENTONCES...

¿Te atreves a jugar con **consciencia**, acariciar la **muerte** y entender la magnitud de la **vida**? Valora tu tiempo, porque...

¡LA VIDA SON 2 PUTOS DÍAS!

Autor del Best Seller, *«ESPABILA DE UNA PUTA VEZ»* y *«LA VIDA SON 2 PUTOS DÍAS»*. Seleccionado por Amazon como **1 de los 5 mejores autores destacados** del último año 2022.

NUEVA OBRA LITERARIA 2023
MUCHO MÁS IMPACTANTE Y RADICAL

¡No se trata de leer!
Este libro es para **SENTIRLO**, para **VIVIRLO** y para hacerlo **REALIDAD**.

La gente se afana con el **tener** sin querer **hacer**, sin querer **ser**, sin querer **soltar**. La gente **existe** pero no **siente** sus huellas, los escalones, las barandillas, la vida misma.

Tienes en tus manos la llave maestra de un amigo. **Una llave directa, inspiradora, amorosa y radical. Una llave llena de RETOS que tendrás que superar.**

Despídete de la persona que eres hoy en día. Te va a **doler**, pero no tienes idea de todo lo que vas a *LOGRAR*.

CONTENIDO DEL LIBRO

- ¿Qué es lo más bonito que has vivido en tu vida?
- Al final del camino no hay nada
- ¡Estoy vivo!
- Letras llenas de magia
- Un ángel descalzo
- ¿A qué putas esperas?

<u>NUNCA OLVIDES...</u>

Espabila de una puta vez, porque la vida son 2 putos días.

¿A QUÉ PUTAS ESPERAS?

El contenido del libro es el mismo en todos los formatos.